従軍慰安婦と公娼制度——従軍慰安婦問題再論◆目次

目　次

はじめに

私は早い時期から、「からゆきさん」と「日本の阿片政策」の二つのテーマで研究してきた。従軍慰安婦問題が起こった時、それまでの「からゆきさん」研究をもとにして、『従軍慰安婦問題の歴史的研究』（共栄書房、一九九四年）を出版した。その中で従軍慰安婦には売春婦型と性的奴隷型の二つのタイプがあると主張した。しかし、私の説は不評であって、否定的に評価されることが多かった。

周知のように、その後、従軍慰安婦は性的奴隷型だけで説明されてきた。私はその説にずっと違和感を抱いてきた。しかし、従軍慰安婦問題を論じることはせず、もう一つの研究テーマである「日本の阿片政策」の研究を続けてきた。

その間、韓国の有力新聞『朝鮮日報』（二〇〇七年三月一九日）の社説に、思いがけず、私の説が取り上げられた【資料1】。社説の題目は「日本に足りないのは資料ではなく、良心だ」である。社説は、足りないのは従軍慰安婦に関する資料ではなく、日本政府の誠意だと説いている。全くその通りであって、社説の説く所は私の胸にすんなり落ちた。

社説はいくつかの日本側の説を紹介しているが、その中に私の説も、吉見義明氏の説と並んで紹介されている。私の説は日本では不評で顧みられなかったが、しかし、従軍慰安婦の被害者を出している韓国の有力新聞が、私の説をきちんと評価してくれていた。それを読んで、私はとて

社說

與 대선주자들, 민노총·전교조·한총련과 反FTA로

열린우리당 대선주자들이 일제히 한·미 FTA(자유무역협정) 반대 입장을 밝히고 나섰다. 김근태 전 의장은 "정부가 현 기조대로 3월 말까지 한·미 FTA를 타결할 생각이라면 나를 밟고 가라"고 했다. FTA에 적극적인 한덕수 총리후보를 국회 인준 때 반대하겠다고도 했다. 김 전 의장은 사실상 대선 출사표를 던진 자리에서 第一聲《제일성》으로 反《반》FTA를 내걸었다. 한·미 FTA를 추진 중인 노무현 대통령과 '차별화' 도 하고, 反《반》FTA 세력을 자기 편으로 끌어들일 수도 있다는 정치적 계산이 선 모양이다. "현재까지 협상은 마이너스 FTA였다"고 한 정동영 전 의장도 마찬가지일 것이다.

현재 '한·미 FTA 저지 범국민운동본부' 에는 한총련, 민노총, 전교조, 통일연대, 전국농민연대, 전국공무원노조, 전국사무금융노련, 언노련, 언론개혁시민연대, 참여연대 등이 참여하고 있다. 한총련은 親北《친북》 학생조직이고, 민노총은 외국자본 한국 투자의 최대 걸림돌이고, 전교조는 수만명의 한국인 母子《모자》·母女《모녀》들이 세계 곳곳의 교육 難民村《난민촌》으로 떠나게 만든 장본인이고, 전국공무원노조는 대한민국 법률은 눈에 보이지도 않는 세력이다. 나머지 단체들의 성격도 비슷하다. 결국 열린우리당의 예비 대통령 후보들은 한·미 FTA가 되면 "농민 다 죽는다" "미국 51번째 州《주》 된다" "투기 자본 앞마당 된다"는 식의 이들 단체와 생각과 행동을 같이 하겠다는 것이다.

김 전 의장 등은 한·미 FTA를 다음 정부로 미루라고 한다. 지금 미 행정부는 의회가 부여한 무역촉진권한(TPA)에 따라 협상하고 있다. TPA가 없으면 미 의회가 하나 하나 개입한다. 미국 내 각 지역·단체의 利害《이해》가 얽혀 있는 의회와의 협상은 애초 불가능하다. 그래서 미국도 행정부에 협상 전권을 주고 의회는 그것을 승인할지만 결정하게 했다. 의회는 행정부의 협상안을 고칠 수 없기 때문에 이 방식은 우리 국익이 극대화될 수 있는 기회다. 정부가 4월 2일까지인 TPA 기간 중에 협상을 타결하려는 것은 이 때문이다. 與圈《여권》은 작년에는 FTA 협상을 지방선거 이후로 미루라고 했다가 다시 대선 이후로 넘기라는 것이다. 한·미 FTA의 기회를 차버리라는 것이다.

지금 대한민국은 중국과 일본 사이에 끼여 잘못하면 으깨질지도 모를 위기에 처했다. 세계 최대 미국 시장에서도 중국에 밀려나고 있다. 이때 한·미 FTA라는 역사적 기회가 찾아왔다. 이것이 미국만 이익인 협상이라면 미 의회가 한·미 FTA를 거부할지 모른다는 미국 내 전망이 왜 나오겠는가. 미국 시장을 놓고 우리와 다투는 중국과 일본이 왜 한·미 FTA를 경계하겠는가.

이미 세계 15개국이 미국과 FTA를 체결했다. 멕시코는 미국과 FTA 체결 후 10년 만에 수출이 3배 늘었다. 70년대 이후 국내 시장이 하나씩 개방될 때마다 "다 죽는다" "다 망한다"는 반대가 들끓었다. 그러나 결과는 반대였다. 가장 최근의 한·칠레 FTA때 대표적인 피해 품목이라던 국내 포도의 가격은 그 후 오히려 더 올랐다.

대선주자라는 사람들이 자신들의 票《표》 계산에 따라 나라를 위한 설계까지 서슴없이 희생시키겠다는 것은 그들의 자격과 능력을 확실히 보여주는 것이다.

일본에게 부족한 것은 良心이지 자료가 아니다

일본 정부가 일본軍《군》에 의한 慰安婦《위안부》 강제동원 여부를 묻는 의원 질의에 "정부가 발견한 자료에서 군이나 官憲《관헌》에 따른 강제연행을 직접 나타내는 記述《기술》을 발견할 수 없었다"는 답변서를 냈다. "위안부의 강제성을 증명하는 증언이나 자료가 없다"는 지난 1일 아베 총리 발언을 뒷받침한 것이다.

'증언' 이라면 두 눈 시퍼렇게 뜨고 살아 있는 위안부 할머니들에게서 이미 숱하게 나와 있다. 지난달 미국 하원 청문회에선 우리 할머니들뿐 아니라 인도네시아에 살던 네덜란드인 할머니까지 나와 증언했다. 이 할머니는 자바 수용소에 갇혀 있다가 "17세 이상 여자는 수용소 밖에 서 있으라"는 명령을 받고 강제로 끌려 갔다고 했다.

이런 증언들에 굳이 귀를 닫겠다면 일본 제 나라 학자와 군당국의 자료들이 있다. 요시미(吉見義明) 주오대(中央大) 교수는 1980년 일본군이 강압적으로 위안부를 모집했음을 밝혀주는 문건을 찾아내 저서 '일본군 위안부' 에서 "위안부 모집에 강제성이 있었음이 명백하며 모든 책임은 일본 정부에 있다"고 했다. 학자 구라바시(倉橋正直)도 1944년 발간된 '종군위안부의 역사적 연구' 에서 "1937~38년부터 위안소에서는 조선인이 압도적으로 많았고 1940년부터는 性的《성적》 노예로서 위안부 연행이 주를 이뤘다"는 자료를 냈다.

1938년 일본 육군성 병무국 병무과가 기안한 '종군위안부 등 모집에 관한 건' 이라는 문서에는 "위안소 설치를 위해 內地《내지》에서 從業婦《종업부》를 모집할 때 방법이 유괴와 비슷하다"고 쓰여 있다. 일본전쟁책임자료센터가 93년 낸 '위안부 관계조사' 에도 "조선반도는 일본의 통치하에 있어서 위안부의 모집, 이송, 관리 등도 甘言《감언》·強壓《강압》에 의거하는 등 본인들 의사에 反《반》하여 시행됐다"고 밝히고 있다.

일본 정부가 이렇게 열거하기도 힘든 증언과 자료를 앞에서 "자료가 어디 있느냐"고 하는 것은 이 문제가 자료의 문제가 아니라 良心《양심》의 문제라는 것을 보여준다.

한 어린 생명이 또 무참히 짓밟혔다

세상이 무섭다. 인간이 싫다. 지난주 인천에서 초등학교 2학년 어린이를 납치한 유괴범은 아이를 산 채로 자루에 담아 저수지에 던져 살해한 것으로 드러났다. 아이를 유괴한 지 불과 10시간 만이었다.

범인은 아이 입을 테이프로 막아 차에 태우고 다니다 보니 질식해 죽었더라고 진술했다가 死因《사인》이 익사로 밝혀지자 뒤늦게 자백했다고 한다. 유괴한 그날로 협박에 필요한 아이 목소리를 녹음한 뒤 살해했고 이후로도 사흘 동안 9차례나 돈을 요구하는 협박 전화를 건 것이다. 애초부터 아이를 살려 둘 생각이 없었다는 얘기다. 범인 스스로 돌 앞둔 아들을 둔 家長《가장》으로 사람의 마음을 잃어버린 짐승의 모습에 모든 부모 된 이들은 할 말을 잃는다.

"아빠, 보고 싶어요" "아빠, (집에) 나 데려다 준대." 겁에 질린 여덟살 아들의 이 목소리를 전화로 듣고 있을 때 아들이 이미 이 세상 사람이 아니었다는 걸 알고 난 부모 심정이 어땠겠는가. "살려 주세요" 애원하는 아들이 한밤중 차디찬 물 속에 던져지는 모습을 죽는 날까지 머리에서 지우지 못할 것이다. 다른 부모들에게도 남의 일일 수 없다. 세게만 쥐어도 바스라질 것 같은 여리디 여린 자식이 언제 어디서 애꿎게 사람 얼굴을 한 짐승에게 걸려들지 모른다.

미국에선 어린이 유괴사건이 나면 곧장 고속도로와 거리 전광판, 방송, 인터넷, 휴대전화에 관련 정보가 뜬다. 1996년 유괴 살해된 여자 어린이 이름을 딴 '앰버 경보' 시스템이다. 유괴 수사엔 관할 경찰뿐 아니라 전국적 수사망을 갖춘 FBI 전문 수사팀이 나선다. 중요한 것은 이렇게 온 나라가 경각심을 갖고 유괴사건에 대처하는 자세와 체제다. 유괴범은 반드시 잡혀 代價《대가》를 치르고야 만다는 사실에 例外《예외》가 없도록 총력 체제를 갖추고 수사에 온 힘을 기울이는 것만이 이 비열한 범죄를 막는 길이다.

資料1『朝鮮日報』2007年3月19日

もうれしく、また、誇らしく感じた。また、機会があれば従軍慰安婦問題に立ち戻りたいものだと痛感したことをよく覚えている。

【資料1】『朝鮮日報』社説

日本に足りないのは資料ではなく良心だ

日本政府は日本軍による慰安婦の強制動員があったかどうかを問う議員の質問に、「政府が発見した資料の中には、軍や官憲によるいわゆる強制連行を直接示すような記述は見当たらなかった」という答弁書を提出した。この閣議決定は、「慰安婦の強制性を証明する証言や資料はない」とした今月一日の安倍首相の発言を支持するものだ。

しかし実際には、現在も元慰安婦の女性たちから多くの生きた「証言」が出てきている。先月米下院で行われた公聴会では、韓国人の元慰安婦だけでなく、インドネシアに住んでいたオランダ人女性までが出てきて証言した。この女性は当初ジャワ収容所に閉じ込められていたが、「一七歳以上の女は収容所の外に出ろ」という命令を受け、強制的に連れて行かれたと語った。日本政府はこうした証言にいつまで耳をふさぎ続けるつもりなのだろうか。

さらに「証拠」には日本人学者や日本軍当局の資料もある。中央大の吉見義明教授は、一九八〇年、日本軍が強制的に慰安婦を募集したことを明らかにする文書を発見し、著書『日本軍慰安婦』で「慰安婦の募集に強制性があったことは明白で、すべての責任は日本政府にある」と結論づけている。

また倉橋正直という学者も、一九九四年に出版された『従軍慰安婦問題の歴史的研究——売春婦型と性的奴隷型』の中で、「一九三七—三八年ごろから慰安所で朝鮮人が圧倒的に多くなり、一九四〇年からは慰安婦になる女性を性的奴隷として連行するやり方が主流になった」とした。

また一九三八年に日本の陸軍省兵務局兵務課が作成した「軍慰安所従業婦等募集に関する件」という通達案には、「慰安所設置のために内地で従業婦を募集する際、方法が誘拐まがいの形をとっていることも少なくない」とある。

「日本戦争責任資料センター」が九三年に発表した「慰安婦関係調査」でも、「朝鮮半島は日本の統治下にあり、その募集、移送、管理なども、甘言、強圧によるなど、総じて本人たちの意思に反して行われた」としている。

日本政府が、こうした数え切れないほどの証言や資料を前にしても、「資料はない」としていることは、問題が資料の有無ではなく、日本の良心にあることを示している。

数年前、偶然なことから、日中戦争の時、中国戦線に多くの日本人町が形成されたことを知った。日本人町には内地とほぼ同じような売春のしくみが作られ、多数の日本人（朝鮮人を含む）の売春婦が兵士の相手をした。彼女たちは明らかに売春婦型の従軍慰安婦である。こうして、従軍慰安婦には売春婦型と性的奴隷型の二つのタイプがあるという私の説の再登場となった。これが、本書で訴えたい主要な論点である。

第一章　中国戦線に形成された日本人町——従軍慰安婦問題再論

はじめに

一九九一年、韓国の元慰安婦の方が提訴し、日本政府に謝罪と補償を求める。この段階にいたって、ようやく従軍慰安婦問題は社会問題になった。私は、相当早い段階で、『従軍慰安婦問題の歴史的研究――売春婦型と性的奴隷型』（共栄書房、一九九四年）を出版した。同書で、私は、副題が示すように、従軍慰安婦には売春婦型と性的奴隷型の二つのタイプがあり、後者は一九四〇年ころから、朝鮮人女性だけに出現したと主張した（図1）。しかし、残念ながら、私の説は当時、顧みられなかった。結果、従軍慰安婦は性的奴隷型だけで説明されるようになり、それがそのまま今日までいたっている。私はその説にずっと違和感をいだいていた。

二〇〇九年、一五年ぶりにこの問題にもどって、「駐留部隊と在留日本人商人との「共生」――満州国熱河省凌源県の事例」（『愛知県立大学外国語学部紀要』四一号、二〇〇九年三月。本書の第二章に収録。第一章のもとになった論文より前に発表したものなので、以下、前稿と称す。）を著した。同論文で、私は、熱河作戦後の一九三五年ころ、満州国熱河省凌源県城にやってきた日本人商人を分析した。売春を頂点とするさまざまなサービスを兵士たちに提供することで、軍に代わって、彼らが兵士の福利厚生を担当したという仮説を提起した。熱河作戦に続いて起こった日中戦争の時は、どうだったか。これが本章の目的である。

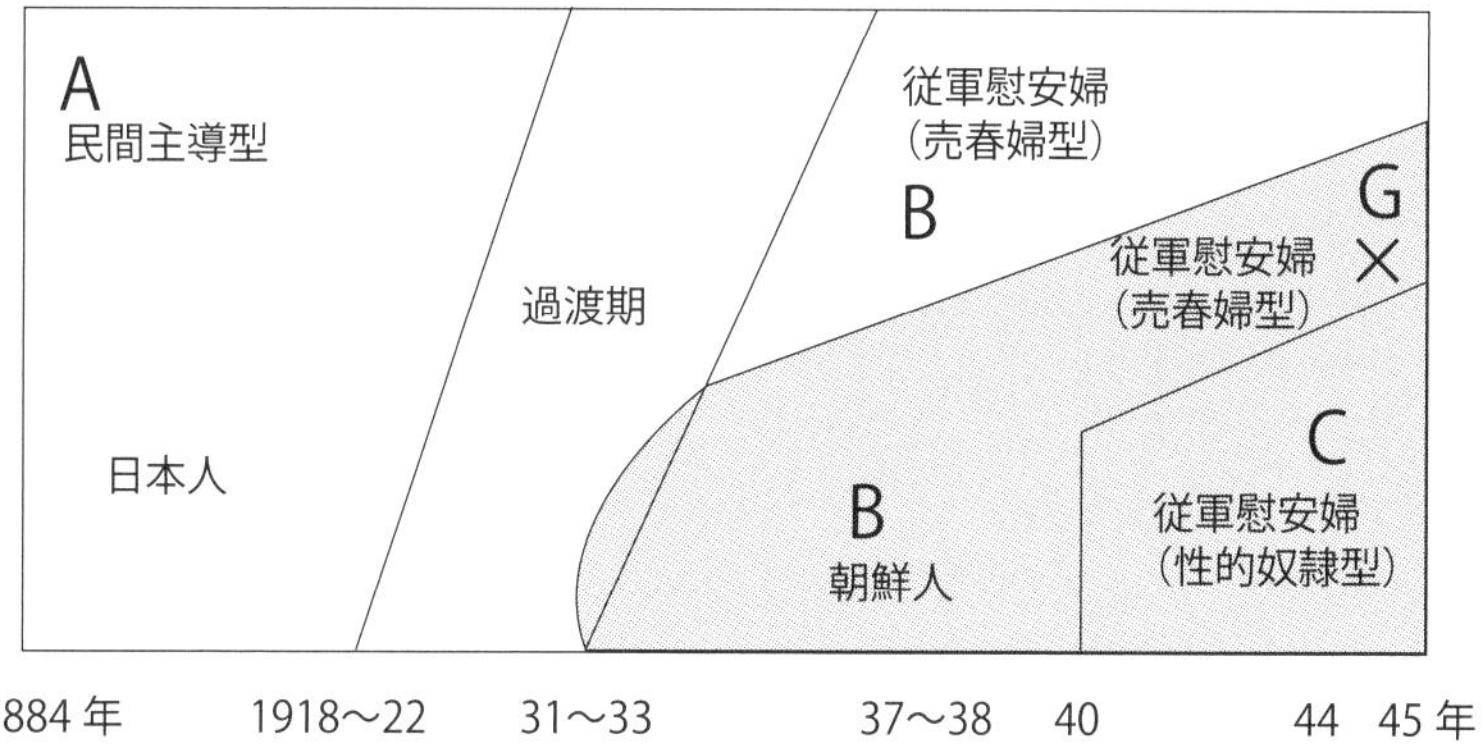

図１　従軍慰安婦の性格の変化（前掲書、53頁）白い部分が日本人。灰色の部分が朝鮮人。

1　日本人町の形成

外務省調査部編『海外各地在留本邦内地人職業別人口表』（復刻版。不二出版、二〇〇二年）によれば、日中戦争以前の一九三六年、中国（満州国・関東州・台湾および香港を除く。以下、同じ）在留日本人は五・九万人であった。また、中国（前述の範囲）からの戦後引揚者は四九万人であった（朝鮮人・台湾人を含まない。厚生省援護局編『引揚げと援護三十年の歩み』、一九七七年、六九〇頁）。朝鮮人・台湾人を加えれば、六〇万人以上になるであろう。八年間の日中戦争で、中国在留日本人は約八倍に増えている。

これを、太平洋戦争期の東南アジアおよび太平洋の島嶼と比較してみる。東南アジア在留日本人は戦前（一九四〇年）、四・六万人であった。戦後の引揚者は八・五万人であったから、三年八ヶ月の太平洋戦争で約二倍になっている。東南アジア方面への日本人の移住の勢いは、中国戦線に比べると弱かった。また、太平洋の島嶼は、約二五〇〇人から二・八万人と一一倍に増えている。増加率は高いが、しかし、絶対数は小さい。

最終的には六〇万人規模に膨れ上がった在留日本人（朝鮮人・台湾人を含む）の全部が都市部に居住した。日露戦争の場合、中国（清国）は中立の立場であった。中国人と敵対的な関係ではなかったから、戦場となった中国東北地方にいち早く出かけていった日本人は彼らと雑居できた。しかし、日中戦争では在留日本人はまぎれもなく占領者の一部であった。敵対的な関係だったから、雑居できなかった。日本人だけで集中して住んだ。

結果的に中国の占領地域の多くの都市に日本人町が形成された。［日本人町と表現したが、実際には日本人のほかに、朝鮮人と台湾人もいた。厳密に日本人だけを問題にする時は、そのつど、指摘する。］都市の中にいさえすれば、治安は良好であった。日本語だけで暮らせた。家族でやってくる者も多かったので、学齢期の子どものために小学校が設置された。

『東京朝日新聞』（一九三九年一〇月二七日）は、日本人町を全部で一一九あげている。また、東亜同文会編『第七回新支那年鑑』（一九四二年八月）は、「主要都市別在留日本人数（昭和一六年〔一九四一年〕四月一日現在。百名以上在留地）」（一〇九頁）で、一八七の日本人町をあげている。一〇〇名以上と限定しているので、それ以下を含めれば、日本人町は二〇〇を優に越えていた。華北に多く存在した。なお、同じ一九四一年四月一日の時点で、中国在留日本人は四〇・二万人であった（前掲、東亜同文会編『第七回新支那年鑑』、一〇八頁。朝鮮人・台湾人を含まない）。

前述したように戦後、中国からの日本人の引揚者は四九万人であったから、太平洋戦争が始まったあとも、日本人はなお引き続いて中国に移住し続けたことになる。この傾向は当然、朝鮮人や台湾人にもあてはまった。全体としては増加傾向にあったといえるが、個々の町の在留日本人の数は一定せず、戦局の推移によって増減した。(1)

日本人町の規模はさまざまであった。前掲、東亜同文会編『第七回新支那年鑑』によって示された一八七の日本人町をその人数で分けてみると、一〇〇〜五〇〇人が六一%、五〇一〜三〇〇〇人が二九%、三〇〇一人以上が一〇%となる。この時点で三〇〇一人以上も在留日本人がいた大規模な日本人町は全部で一九あった。次にそれらの町をあげておく。(2)

石家荘の場合、日本人町は「駅の東方に新しく」つくられた。このように、既存の中国の都市の一角に日本人は集中して住んだ。

「邦人・物凄き進出　（中略）かつて邦人の影を見なかった石家荘にさへ六千人以上の邦人が押し出して、駅の東方に新しく日本人街をつくり上げ、美容院もあれば産婆さんもゐる。軒下に『仕立もの致します』の札がぶら下がってゐる。日本人小学校から愛国行進曲の可愛い合唱が聞えてくるといふ光景だ。」（『東京朝日新聞』、一九三九年二月七日）

次の二つの史料は北京である。北京には、上海と並んで最大規模の日本人町が形成された。最終的には約一〇万人の日本人が移り住んだから、「もう内地にあるもので、北京にないものは殆どない。」というような状況が出現した。

「北支の現状　邦人進出著し　小学生、一日に七人増加　（中略）邦人の商売人層も易者、代書人、軽便大工、古綿打直し、海苔専門店、無尽会社、扇子団扇製造業、広告社からネオン看板屋と、商売往来に見当らぬものまで出来て、もう内地にあるもので、北京にないものは殆どない。この居留民の激増のため住宅難を招き、」（『東京朝日新聞』、一九三九年七月一日）

「北京今昔談　（中略）目ぬきの街上など邦人で埋められてゐるかのやう。おでんや、ふぐや、質屋、葬儀社、いはく何にいたるまで、内地にあるもの、あり得たものは皆出てきた。浪花節語りも通り、偉豪な力士も来る。どてらに下駄ばきなどザラに見うける。」（『東京朝日新聞』、一九三九年七月四日）

次は山西省太原である。日本語で買い物ができるように、日本人専用の市場を作っている。

「住むには房屋管理委員会が出来て家屋処理対策が確立し、又物資の需給、物価の調整、輸送の統制も、物資対策委員会が組織されて順調にゆき、去る三日には日用食料品を廉売する邦人市場も開設されて、覚束ない支那語で苦労する奥さんたちの買ひ出しに一つの福音がもたらされた。」（『東京朝日新聞』、一九四〇年一一月九日）

次は南京の日本人町のようすである。

「南京に日本風呂　（中略）南京目抜の中山東路の一角、此の附近一帯は今では日本人町とあって、軒を列べた店々や買物帰りの「東洋太々」——日本の奥様——の和服姿も見られる。銭湯で一風呂浴びて、按摩をとって、天ぷらなり寿司なりのお好みにまかせようといふ、日本人の趣味と生活が街上到る所に溢れてゐる。」（『東京朝日新聞』、一九四〇年一月一〇日）

このように中国戦線に多くの日本人町が形成された。日本内地の場合、都市近郊に田園地帯が広がっていた。都市と周辺の田園地帯が一体となって、都市の景観を形作っていた。しかし、中国戦線の日本人町の場合、周辺に広がるべき田園地帯は一切なかった。都市だけが孤立して存在した。拡散して暮らしていたのでは、安全を守りきれなかったから、防衛上、在留日本人はある程度、密集して住まざるを得なかった。狭い空間に在留日本人はゴチャゴチャと暮らしていた。

家屋を日本式に立て直すほどの余裕はなかったから、それまでの中国式の家屋に、やってきた日本人はそのまま移り住んだ。だから、外観は従来の中国の町と大きく変わらなかった。しかし、家の内部は改造した。日本人は中国に移住してきても、自国の生活習慣を容易に変えようとしなかった。椅子・テーブル・寝台を使う中国人の生活様式になじめず、タタミを敷いた日本式の生活に固執した。在留日本人の人数に比して、タタミ屋が多かった所以である。

基本的に軍に「ぶら下がって」生活を立てているという日本人町の事情から、飲食店や旅館などのサービス業が多かった。都市は本来、生産と消費の二面を持っているが、消費のほうが目立った。静かな住宅街は少なく、にぎやかな商店街が多かった。日本語で書かれた看板がそこかしこに掲げられていた。日本語がとびかい、和服姿の女性が多く目についた。日本内地の下町の雰囲気に幾分か似ていた。

不思議な空間が中国の都市の一角に突如として出現した。日本人町は内地の町をいわば凝縮して再現していた。たしかに内地の町とよく似た雰囲気がただよっていた。実際、多くの日本人がそこに暮らしていた。しかし、本当の日本内地の町とはどこか違っていた。いってみれば、映画のセット、あるいは芝居の書割の類であった。どこか、ウソっぽいところがあった。日本内地の町に似ていたけれども、しかし、決して内地の町そのものではなかった。

それは文字通り「砂上の楼閣」であって、危うさに満ち満ちていた。日本軍の軍事力だけに支えられていた。それが失われれば、ただちに跡形もなく崩壊すべきものであった。明日の運命は何一つわからないのに、在留日本人は明日のことは考えずに、とにかく今日だけ無事に暮らしてゆければよいと念じて不安定な暮らしを続けた。こういった日本人町が、ほぼ八年間、華北を中心にして、大小とりまぜて二〇〇以上、存在した。

2　日本人町形成の理由

日本敗戦後のアメリカ軍の占領時代、アメリカの民間人は大量に日本にやってこなかった。軍事占領地に敵国から大量の民間人がやってくるという現象のほうがむしろ珍しかった。この現象こそ日本軍隊の特殊性からきていた。日露戦争の時からすでに外国遠征の軍隊に民間人がくっついてきて、商売をする伝統があった（拙稿「従軍慰安婦前史——日露戦争の場合」、『歴史評論』四六七号、一九八九年三月。前掲、拙著『従軍慰安婦問題の歴史的研究——売春婦型と性的奴隷型』の第5章に収録）。

日本軍の伝統な軍事思想では、兵站を軽視した。また、一人一人の兵士を大事にしなかった。他の国の軍隊ならば、軍みずからが兵士の福利厚生の面倒を見た。ところが、日本軍の場合、軍はそれをなおざりにする。代わりに戦地にやってくる日本人商人にそれをやらせた。彼らは軍属ではなく、全くの民間人であった。だから、軍から命じられてやってきたのではなく、自らの意志で戦地にやってきた。もうかりそうだと判断したから、やってきたのである。軍の側はタテマエでは民間人の流入を無視した。しかし、実際には彼らの到来を歓迎し、種々の便宜を供与した。

中国には以前から日本の租界があり、多くの日本人がそこで暮らしていた。だから、中国には土地カンがあった。土地になじみがあるので、出てゆきやすかった。また、当時、日本は中国東北地方（旧満州）に次いで、「北支」、すなわち華北をねらっていた。それを「北支の特殊化」といった。一部の日本人には、華北は中国東北地方に続く第二の「約束の土地」と見えたことであろう。華北は、「満州国」に隣接し、地理的にも近かった。そういった事情から、いち早く華北の占領地に乗り込み、既得権を主張して、その後に備えようと図るものもいた。

日中戦争は日本の歴史始まって以来、未曾有の大戦争であった。八年間も続き、戦域も広大であった。ほぼ一〇〇万の大軍がずっと展開し続けた。一方、一九三八年一〇月の武漢攻略以降、日本軍は外延的な攻勢を控える。以後、占領地における対ゲリラ戦（八路軍相手）が次第に戦争の中心になってゆく。日本軍が占領地の拡大よりも、むしろ占領地の実効支配のほうに重点を置いたことから、敵味方を区切る戦線は比較的安定してくる。一九三九年七月と一九四一年七月以降を比較しても、その間に大きな変化はない【地図1および2参照】。太平洋における日米の戦いが日本側にとって不利になっていっても、中国戦線はほぼ安定していた。その結果、日本人町の大部分はそのまま、終戦の日を迎えた。

日本内地では長期戦に合わせて、次第に統制経済に変わってゆく。一部の業種は強制的に廃業させられた。転業民の一部は満蒙開拓団として、中国東北地方（旧満州）に渡っていった（彼らを転業移民という）[3]。別の一部はツテを求め、中国戦線に向かった。彼らは中国の日本人町で、内地にいた時と同じ商売を続けた[4]。

次は女給の例である。「特殊飲食店従業員」とあるので、売春婦の一つのタイプと理解する。「東京全市で約一万五千人の女給さん」が強制的に減らされている。急に新しい仕事につけといわれても難しかった。だから、彼女たちの一部は、中国戦線にある日本人町に出かけ、今度は兵士を相手にして、女給の仕事を続けたことであろう。

「消ゆる女給一万五千人　（中略）特殊飲食店従業員――女給さん達は何処へ行く（中略）そして銀座二百五十軒の店から二千人を残して約五千四五百名、東京全市で約一万五千人の女給さん達が新たに国策に順応した生活戦線へ――または家庭の人――銃後婦人として健実

な第一歩を踏み出す。」（『朝日新聞』、一九四〇年九月五日）

また、日本人町には朝鮮人・台湾人もいた。戦時下、植民地では内地以上に生活は逼迫した。彼らはやむなく中国戦線の日本人町に流れてきた。朝鮮人は華北に、台湾人は華南に多かった。

次にこの状況を太平洋戦争期の東南アジアと比較してみる。外国遠征の軍隊に商人がついてゆき、兵隊の福利厚生を担当するという伝統、および、統制経済下、一部の業種が強制的に廃業され、廃業民の一部がやむなく、日本軍の占領地域に向かうという二点は、中国戦線の場合と同じであった。しかし、①戦争の期間が三年八ヶ月と短かった。②日本軍の優勢は初めの一年間だけであって、一九四三年初めのガダルカナル戦以降、ずっと劣勢に陥った。③戦線は安定していない。とりわけ、太平洋の島嶼は次々とアメリカ軍に奪われていった。④もともと租界がなく、日本人には地理的に遠くて、なじみが薄かった。

こういった状況から、太平洋戦争期、東南アジアの戦地にやって来る商人の数が不足した。軍が強制的に一定数の商人を戦地に連れ出すという形を伝統的にとっていなかったので、この時、急に日本人商人を強制的に連れてくるわけにはゆかなかった。その不足が、この地域における兵士たちの福利厚生に不十分さを生じさせた。セックスの面でいえば、性的奴隷型の従軍慰安婦を多く生み出した。

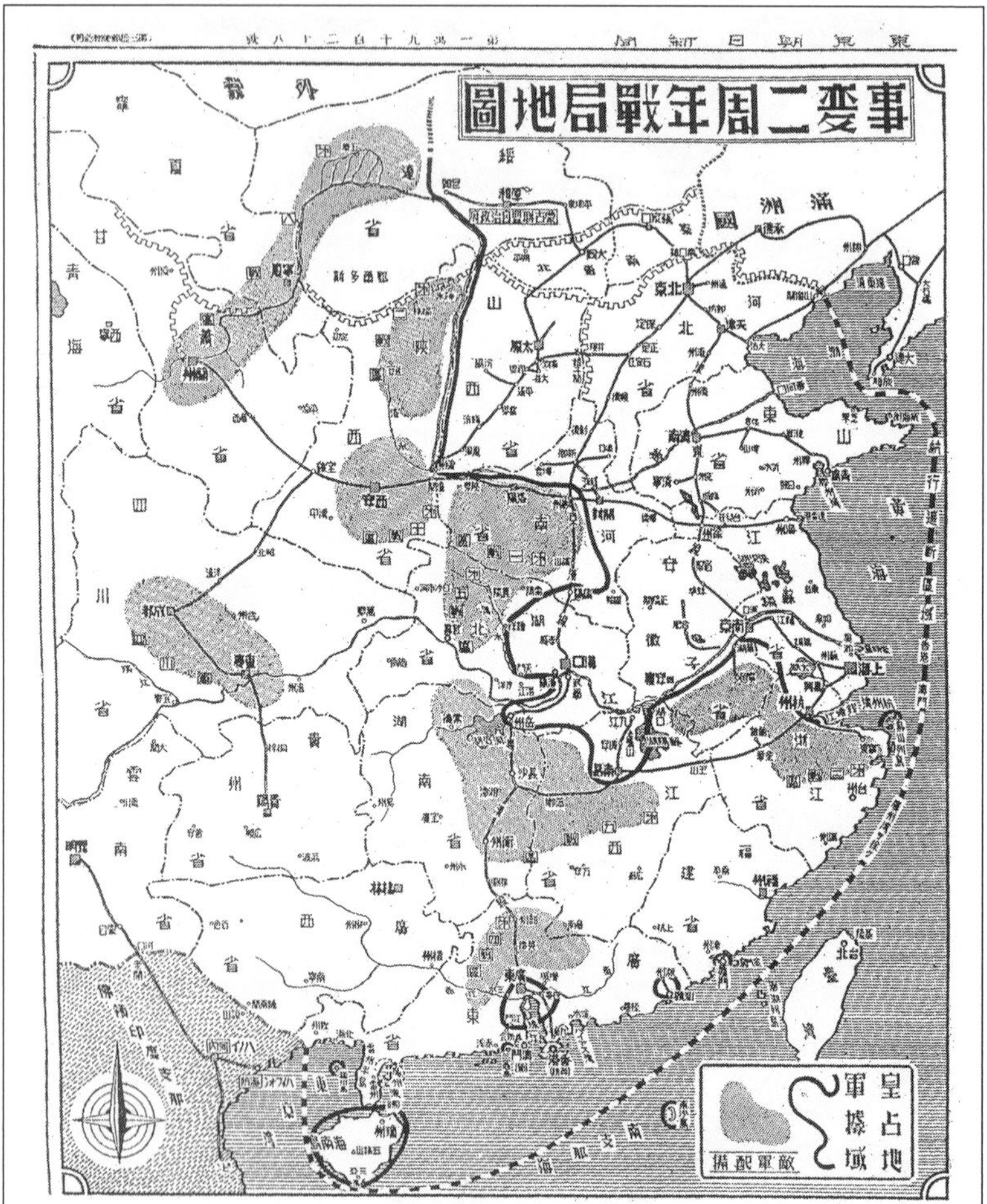

地図1　『東京朝日新聞』1939年7月6日

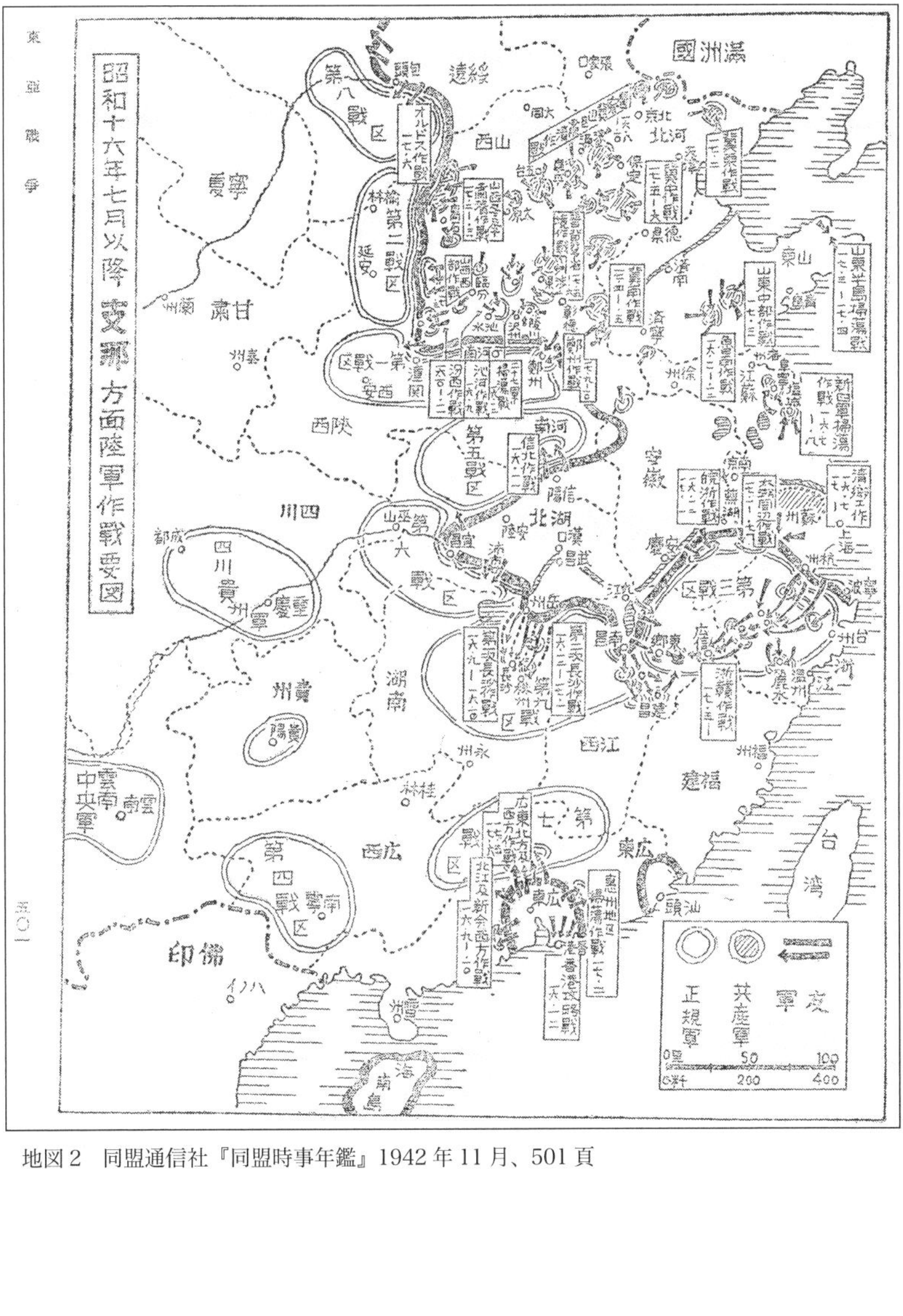

地図 2　同盟通信社『同盟時事年鑑』1942 年 11 月、501 頁

3　日本人町の経済

日本人町の日本人は一般に中国語が話せなかったから、周囲にいる多くの中国人を相手に直接、商売できなかった。日本語のわかる中国人の店員を雇うか、あるいは中国人小売商に卸し売りするような形態でしか、中国人相手の商売はできなかった。勢い、商売の相手は日本軍の将兵、および在留日本人に限られた。いわゆる「とも食い」であった。

広東・済南・開封の三つの日本人町の『商工案内』がある。[5] これには、個々の店の名前、住所、経営者の名前、および電話番号が掲載されている。『商工案内』という性格から、経営者の氏名だけであって、従業員の名前はのっていない（図2a・b）。当時の日本人町のようすを具体的に示してくれる。

広東と開封の場合、一九四二年の発行である。一九四二年まで、太平洋戦争はまだ有利に展開していた。こういった『商工案内』を出したということは、自分たちの日本人町がまだ当分は安泰だと楽観視していたのかもしれない。わずか三年後には崩壊してしまうということがわかっていれば、作らなかったであろう。とりあえず三つの日本人町の『商工案内』を探し出したが、実際にはもっと多くの町で、この種の『商工案内』を出していたことであろう。おいおい探し出してゆきたい。

次は最も詳しい開封（河南省）にあった日本人町の紹介である。[6] 七〇〇〇人の住民がいた開封は大規模な日本人町の例になる。人口七〇〇〇〇人のうち、朝鮮人が約三割を占めている。男女比は五五対四五であって、女性の割合がけっこう多い。朝鮮人の場合、女性のほうが多い。職業から見れば、日本内地の町と変わらない。前述したように、中国人が建てた家屋をそのまま使うが、しかし、内部にはタタミを敷いた。そこで、タタミ屋が繁昌することになった。開封の場合も、タタミ屋が五軒あった。

兵士は甘いものに飢えていた。日本人町には彼らの需要に応えるために、菓子屋がめっぽう多かった。ここでも和洋菓子屋が二三軒もあった。また、写真館に人気があった。兵士は自分の元気な様子を写真にとり、それを内地の家族のもとに送りたがったからである。開封の場合も、写真館が一八軒、写真の機材を扱う店が二軒もあった。自転車販売が一五軒もある。日常の移動手段として、自転車が多く使われていたのであろう。

七〇〇〇〇人もいると、葬儀社が必要になるということであろうか。屎尿《しにょう》処理も商売となったので衛生社が二軒あった。このような形で日本人町の都市機能の一部を補っていた。料理店が三三軒、カフェーが一二軒、飲食店が八一軒——これらの店が飲食と売春で、将兵のリフレッシュに当たった。髪結い五軒、洋服仕立て七軒、和洋服仕立て三軒、洋服店七軒、呉服八軒などは売春婦を主な顧客としていた。

開封の『商工案内』には附録として周辺の三つの町（帰徳・新郷・彰徳）の資料もついている。三つのうち、帰徳（商邱）の住人が一六一四人と最も少ない。そこで、帰徳を次に紹介する。(7) 帰徳の場合、朝鮮人が六五%も占めているのが特徴である。どうして、この町にこんなに多く朝鮮

46 47

營業種目	商號	營業所	氏名	電話
カフェー	サロン富士	北書店街六九號	柴山靜江	六三
飲食店	食道園	洪河沿街一號	白喜瑞	一〇七
喫茶店	志田製菓工廠喫茶部	鼓樓街三三號	志田吉治	三四
飲食店	三和館	商場后街六號	李二德	
〃	愛國食堂	馬道街商場內	池邊笹子	
喫茶店	三好屋	新民大路南段一七號	築島善次郎	四一五
飲食店	松乃井	天地台街一號	二ノ宮茂	
〃	勇能	河道街五四號	瀬脇武雄	
〃	紅屋	新民公園入口	大澤忠治	
カフェー	京極	馬道街八一號	平井初枝	五三〇
喫茶食堂	新華喫茶食堂	新民公園內	仁木治利	
飲食店	一力	南書店街五號六號	河崎妙子	五五九
カフェー	處女林	鼓樓街九二號	吉中千代子	
喫茶店	春香軒	三聖廟街三二號	李今祚	
飲食店	咸興館	小紙坊街一號	尹今女	
飲食店カフェー	松月閣	將軍胡同一〇號	文聖源	
割烹	みやこ	山貨店街六〇號	浦部豐吉	三〇四
〃	萬龍	北書店街七一號	谷口キヨヱ	二一二
〃	天香閣	前第四巷東西街二四號	尹大方佑	
飲食店	鈴蘭食堂	鼓樓街六九號	有馬登美惠	
〃	多良福	馬道街商場三四號三五號	渡邊スミヱ	
〃	榮樂	鼓樓街四五號	古畑榮平	六〇三
飲食店	亞細亞飯店	市場後街七號	許璣	
〃	宮崎屋	新民大路南段三九五號	黑木高雄	
〃	京城食堂	南書店街五七號	李海水	
喫茶	白鳥	南書店街六一號	高田幸美	
〃	不二屋	南書店街八六號	敦賀陽子	二七三
喫茶食堂	富士	南關區東站下沿街二七號	高橋義雄	
カフェー	千草	馬道街一二號	木村ハル	
〃	明星	北書店街七九號	李龍淑	
飲食店おでん	君の里	河道街北四八號	池田謙美	
カフェー	ミス平和	北書店街八號	杉山久吉	
〃	凱歌	北書店街一三號	田邊英三	四五三
割烹	歌の家	東大街二四號	佐渡島霜枝	二一五
飲食店	驛前食堂	新民大路南段三六〇號	江上ツル子	二二八
喫茶、食事	喜樂亭	萬壽街一九號	村上クマ	四七
飲食店割烹	親父の家	北書店街二二號	田中友八	二〇六
食堂	播磨屋	新民大路南段一二 一三號	未政延次	六八
〃	北辰亭	南土街九〇號	北崎明倫	
喫茶、食堂	第二亞細亞	北土街二四號	吉岩文子	
食堂	紅家	新民大路北段一三五號	大澤忠治	
〃	半島食堂	新民大路北段一九七號	鄭占岩	
飲食店	富一食堂	刷絨街六三號	坂尾ナト	
〃	志ら瀧	青雲街二二號	小林駒吉	

図2a　開封日本商工会編『開封商工案内』1942年2月。第18類　喫茶、飲食店、料理店　一、飲食店　46、47頁

48

營業種目	商號	營業所	氏名	電話
飲食店	新光園	商場後街二六號	具文瑗	
〃	簡易食堂	萬壽街一〇號	崔振好	
〃	菊水	相國寺後街九一號	岡田文子	
すし屋	ほまれ食堂	河道街五七號	中島十四松	六七八
西洋料理、割烹	東雲莊	南書店街三〇號	田代林平	
食堂	東一館	木廠街一四號	張善豪	
〃	小春	萬壽街一三號	八尾康子	
飲食店、そば	さらしな	南土街九〇號(公設市場)	後藤長三郎	
カフェー	祖國	南書店街四號	倉光巖	二〇五
喫茶	田園	新民大路北段三七〇號	松山茂	
飲食店	二葉食堂	鶉鴿市街一八號	里七次郎	
〃	松葉屋壽司店	新民大路南段三〇號	松浦清吉	
〃	精乳舍	南書店街八〇號	清水潤吉	
〃	藪蕎麥	徐府街一六三號	野林伊之助	
〃	愛月食堂	新民大路北段二一二號	李賢淑	
〃	愛染	徐府街五三號	中村松菊	
喫茶	白蘭	北書店街六四號	吳世忠	
飲食店	湖月	北三聖廟街一五號	渡邊達之助	
〃	松ノ家	大廳門街一六號	本田初夫	
飲食店	金剛屋	開封縣街五號	李仁奎	
〃	松喜	河道街一三九號	濱松ユキ	
〃	金生庵	市場後街四四號	松田吉松	
カフェー	花壇	南書店街四九號	前田貞義	
飲食店	わかたけ	新民大路北段一一二號	松元サカ	
食堂	おかめ庵	北三聖廟街六號	佐藤アヤ子	
朝鮮餅	餅屋	相國寺街市場内三〇九號	金炳麗	
飲食店	百合園	商場後街三號	鄭允姐	
〃	櫻屋	新民大路北段一四六號	德田一雄	
すし	和かな	河道街六九號	森川金藏	
飲食店	三好屋	鶉鴿市街一一號	久保忠作	
〃	新興麵店	相國寺前街三九號	金森清一	
〃	國都	萬壽街一一號	小野ヤスエ	
〃	壽	華堤街三一號	竹本重雄	
カフェー	あかつき	北書店街二一號	山口千一	
大衆食堂	壽美乃家	大廳門街一號	佐久間ミス	
飲食店饅頭	大國	三聖廟街二一號	岡本茂義	
飲食店	開封冷麵屋	新民大路北段二二一號	山本原逸	
喫茶食事	蝶々	南土街九〇號(公設市場)	前出シゲコ	
冷麵	河本冷麵店	鼓樓街五九號	鄭仁哲	四〇六
食堂	ペニヤ	南土街九〇號公設市場	西田シヅ子	
大衆食堂	東京庵	相國寺商場内三六號	中野ミスエ	
饅頭ぜんざいしるこ	平和堂	新民大路北段一一三號	李原長守	
喫茶	光	新興街一號	白木弘	
飲食店	雙華亭	三聖廟門街二二號	前田タメ	

49

図2b　開封日本商工会編『開封商工案内』1942年2月。第18類　喫茶、飲食店、料理店　一、飲食店　48、49頁

人が集まってきたのかわからない。多くの日本人町にはこのような例もあったということであろう。比較的小さな町なので、職業の項目数は少ない。兵士をリフレッシュする中核の部分として、飲食店二八軒、料理店一四軒があった。その比率は相対的に高かった。一般的にいって、小さい日本人町ほど、駐留部隊に依拠する比率が高まった。

前稿で述べたように、在留日本人商人のおかげで、長い外征に倦みつかれた兵士たちは時々、町に出て来て、心身をリフレッシュすることができた。兵営にある風呂は狭くて汚かった。民間が経営する銭湯の湯船は広く、清潔で気持ちがよかった。彼らは日本式の風呂に入り、くつろぐ。清潔なタタミを敷いた部屋でゆっくり休息する。兵営の食事は単調でまずかった。時にはうまい飯を食いたかった。彼らは商人の経営する料理店にゆき、おいしい日本料理を食べた。また、時には酒を飲んでドンちゃん騒ぎをして、ウサを晴らした。さらに日本人（朝鮮人を含む）売春婦とセックスもした。これらの費用は、すべて軍から支給された軍票で支払った。

駐留部隊の兵士を接待することで日本人町の商人たちは潤った。兵士を相手にすることで、売春婦たちも稼ぐことができた。明日の命もわからない兵士たちの金使いは荒かった。気前がよかったから、荒稼ぎが可能であった。売春婦は商売柄、美しく装う必要があったから、衣服（和装・洋装）を買って着飾る。髪結いさんに髪も結ってもらわねばならない。このように彼女たちが購買してくれるので、呉服屋・洋服屋・はきもの屋・髪結いなどが生活できた。将兵が直接消費する飲食関係、また、将兵を相手にすることで収入を得た売春婦たちが消費することを前提にして成り立つ店が、町の中心となった。

商人は兵士を最大の顧客として商売した。駐留部隊に直接的に「ぶらさがって」生計を立てた。日本人町の商人は兵士の福利厚生を担当した。彼らのおかげで、兵士はリフレッシュできた。このように将兵と在留日本人商人は「共生」関係を取り結ぶ。小規模な日本人町ほど、両者の「共生」関係がわかりやすかった。

中国戦線には、ほぼ一〇〇万の日本軍が展開していた。それに対して、在留日本人は朝鮮人などを含め六〇万人であった。一〇〇万の軍隊に「ぶら下がる」には、六〇万人もの在留日本人は多すぎた。そこで、大規模な日本人町の場合、ある程度の経済活動がなされた。この場合、周囲に駐屯している個々の部隊にではなく、むしろ戦争全体に「ぶら下がって」生計を立てている感じになった。

戦前から上海や青島には在華紡（綿織物工場）があった。中国人労働者を雇って綿織物を生産していた。鉱山も経営していた。また、山東省において、日本資本は米国綿花を中国人農家に栽培させていた。占領地の運輸交通手段も掌握していた（華北交通）。こういった日本資本が活動を再開した。

また、漢口・広東などの大都市に、大阪製品が洪水のように入ってくる。漢口では大阪製品が約八割を占めていた。[8] 漢口の場合、輸入物品を「宣撫用物資」、それを扱う商人を「宣撫用物資取扱者」と称していた。[9] 関税なしに日本の商品を大量に輸入した。ただ国際的に非難されることを恐れて、宣撫用物資という名称変更でごまかそうとした。大量に持ち込まれた大阪製品は、占領地行政の一環として軍事的観点から、民衆に無償、ないし、ひどく安い価格で販売する物品であって、一般の商品ではない。だから、関税を納める必要がないというわけである。こうして、関税なしに日本から、日用雑貨品などが大量に中国に持ち込まれた。この現象を見て、大阪製品の洪水と「無邪気に」賞賛しているが、その裏面で中国の軽工業は壊滅的な打撃を受けた。

戦前、たしかに大阪は中国と強く結びついていた[10]。当時、大阪地方で盛んであった軽工業の製品が、中国に輸出するのに適していたからであった。余談になるが、戦後の大阪経済の地盤沈下は、大陸との伝統的な関係を喪失したことが原因ではなかろうか。

このように、時には不正常な方法をとってまで、日本人町に移り住んだ商人は懸命に増収を図った。しかし、日本人町は全体としては大赤字であって、経済的に自立できなかった。結局、陸軍は一〇〇万の遠征軍を長期にわたって養うだけでなく、それに付随する約六〇万人の在留日本人（朝鮮人・台湾人を含む）の生活まで面倒を見なければならなかった。その経済的負担は限りなく大きかった。悪名高い阿片政策などを行って、なんとかして財政の支出を減らそうと努めたが、それでも、到底、手におえるものではなかった。占領支配の収支は大幅な持ち出しとなった。

いま風にいえば、人件費に陸軍の予算の大半が取られてしまう。こういった事態はボディーブローのように、ゆっくりだが確実に陸軍の財政を逼迫させてゆき、結果的に兵器の改良・近代化に回せる金を少なくさせた。日中戦争期、陸軍は世界レベルに並ぶ優秀な戦車や軍用機を作っていない。日本の工業力の相対的な低さだけが問題ではなかった。なぜなら、ほぼ同じ時期、海軍のほうはゼロ戦のような優秀な戦闘機を作っているからである。当時、各国は自動小銃を採用しつつあった。しかし、日本はそういった動きと関係なしに、日露戦争の時採用された、三八式歩兵銃という時代遅れの銃を使い続けた。

陸軍も本当は兵器を改良したかった。しかし、ない袖は振れなかった。結局、兵器の改良の代わりに、精神主義が鼓吹された。現在から見れば、当時の日本陸軍の非合理性には目を覆わせるものがあった。中国側のねばり強い抗戦が、こういった事態を招いたのであった[11]。

4　日本人町における売春婦

慰安婦収容所のような、殺伐とした施設の存在は、日本人町に関する資料から出てこない。日本人町における売春婦は、当時の日本内地にあった売春婦と同じ名前であった。明治初年以降、売春関係の女性は芸妓・娼妓・酌婦の三つに分類された。芸妓は高級売春婦であった。娼妓は公娼制度下の売春婦であった。前借金（ぜんしゃくきん）に縛られ、廃業の自由がなかった。居住の自由もなく、伝統的に遊廓に監禁された。また、遊客も選べず（拒めず）、最も悲惨な境遇に置かれていた。酌婦は私娼のことである。彼女たちは廃業や居住の自由を持っていた。また、遊客を選ぶこともできた。三者は法律上の扱いも違ったが、税金も違っていた。一九〇五年の関東州の場合でいえば、毎月、芸妓七円、娼妓五円、酌婦二円五〇銭であった［一九〇五年一〇月、関東州民政署令第七号、関東州雑種税規則］。

明治末年にいたって、女給という新しいタイプの私娼が出てくる。彼女たちはカフェーを売春の場としていた。したがって、カフェーにはコーヒー店と売春の場という二つの意味があった[12]。

日本人町の官製の自治組織である居留民団（あるいは居留民会）は、こういった芸妓・酌婦・女給の三者から賦課金を徴収した。その賦課金の額には違いがあったはずである。

日本人商人は内地から勝手に中国戦線にやってきた。軍は放任主義をとり、民間人の流入に干渉しなかった。日本人町はいわば自然発生的に形成された。こういった事情から、日本人町があらゆる面で内地の町そっくりになるのは自然であった。しかし、前述の芸妓・娼妓・酌婦および女給の四種の売春婦がそのまま存在したのではなかった。

一九〇九年一二月、関東州では娼妓の名目を廃止し、酌婦に変えた［公娼制度の名目上の廃止］。当時、シベリア鉄道はアジアとヨーロッパを結ぶ世界交通の大動脈であった。そのシベリア鉄道に接続する満鉄が関東州を通っていた。廃業や居住の自由を持たない、みじめな娼妓の実態を欧米人に見せたくないという配慮から、この処置が行われた。遊廓も名目上、なくした【拙稿「満州の酌婦は内地の娼妓」、『愛知県立大学文学部論集（一般教育編）』三八号、一九九〇年二月。本書の第四章に収録】。中国戦線の日本人町にも、この伝統が踏襲された。だから、日本人町に遊廓はなかった。北京や上海には一〇万人もの日本人がいたのであるから、物理的に見れば、遊廓を十分作れた。しかし、国際的な評判を気にして、遊廓を作らなかった。とにかく日本人町には遊廓はなく、また、娼妓は一人も存在しなかった。

前掲、外務省調査部編『海外各地在留本邦内地人職業別人口表』に「細分類」という欄がある。在留日本人の職業を、全部で六〇項目に分けて記している。その第三四項目は「旅館、料理、貸席及び芸妓業、遊戯場、興業場」、第三五項目は「芸妓、娼妓、酌婦其他」である。前者は売春に関係する業者を多く含んでいる。後者は売春婦そのものである。なお、数字は合計であって、それぞれの内訳はわからない。すなわち、「芸妓、娼妓、酌婦其他」の各項目の人数はわからない。

日中戦争以前の一九三六年一〇月で、中国在留日本人のうち、第三四項目は五四七人、第三五項目は二五二七人であった。最も新しい統計は一九四〇年になる。それ以降は統計がない。一九四〇年一〇月で第三四項目は五〇五八人、第三五項目は一万五〇四一人である。一九三六年から一九四〇年の四年間に、売春関係業者は九・二倍、売春婦は六・〇倍に増えている。両者の具体的な数字の推移からも、日本人町にやってきた売春関係業者と売春婦の増加傾向がわかる。

外務省の統計から、一九四〇年に中国戦線の日本人町に約一・五万人もの売春婦がいたことを、まず確認しておく。彼女たちのことを扱うに当たって、一番やっかいな問題は、前述した娼妓の名目を使えないことから来ていた。すなわち、実態は娼妓にもかかわらず、芸妓・酌婦・女給のいずれかを名目上、名のっていた女性が少なからず存在したことである。

中国吉林省档案館所蔵の満州中央銀行資料から、この問題に関連する史料を紹介する。

「居留邦人、十二月末現在、戸数九〇戸、人口三百七十名あり。主として料理屋、飲食店、宿屋（計二四）等を経営し、其の顧客は軍隊及居留民にして、相当の収益ある模様なるも、家屋修理、什器購入等の為め、多額の費用を要し、純利、僅少にして、且、現有消費者数にては、漸く共喰の状態を現出せんとしつつあり（中略）。

四、邦人料理店方面　各料理店共に好景気を呈し、一流料理店に在りては、一日百五十円平均、内、芸酌婦稼高四割、酒肴揚高六割なり。支出として材料の購入、電灯料、部屋の修繕費、薪炭費等の諸経費、其の他の資本金利等を見積りて、場高の七割を要し、純利益は三割弱にして、一日平均二十円位なり。」（一九三四年一月一一日、中島在赤峰領事館警察署長、赤峰警高発第五四号、『赤峰経済事情報告』）

日本は一九三三年三月の熱河作戦で当時の熱河省を占領し、満州国の版図に組み込んだ。赤峰は、凌源よりも北方に位置している町で、鉄道の支線の終点である。赤峰は隣接する囲場と並んで、熱河省の中でも、とくに阿片の産地として有名な所である。この史料は満州中央銀行資料の中に入っていたが、赤峰にあった領事館警察の署長（中島という名前）からの報告である。時期は一九三四年一月であるから、占領から、まだ一年も経っていない。

料理店が事実上、売春の施設であった。「其の顧客は軍隊及居留民にして」とあるように、売春の相手は駐留部隊の将兵と在留日本人（居留民）であった。珍しいことに、この史料には、遊客の支払った売春の代金を分ける比率が出ている。すなわち、「内、芸酌婦稼高四割、酒肴揚高六割なり」とある。

日本内地で娼妓（公娼）と売春業者（抱え主とか楼主といった。法律上の名称は貸座敷業者という）との取り分の比率は、多くの場合、四対六であって、売春婦の取り分は四割であった。赤峰の場合も、これと同じ比率で分けている。すなわち、「内、芸酌婦稼高四割」とあるのは芸妓・酌婦の取り分は四割だという意味である。そして、「酒肴揚高六割なり」は、酒肴を遊客に提供する売春業者（料理店経営者を兼ねている）の取り分は六割だと述べている。
売春業者は、娼妓に遊廓内に住む所、寝具、および食事（ただし、通常は二食のみ。夕食は遊客から提供されることを前提にしていた。）を提供した。娼妓の生活の一定部分を保障したから、遊客が支払った売春の代金の六割を受け取ることができた。

史料では「芸酌婦」とある。すなわち、芸妓と酌婦である。芸妓と酌婦はともに私娼である。本来の芸妓と酌婦は独立して売春を稼業として営む。特定の売春業者と経済的な関係を取り結ばない。それゆえ、彼女たちは遊客が支払った代金を全部、自分で受け取ることができる。ところが、史料が示す赤峰の「芸酌婦」の場合、四割しか受け取っていない。だから、彼女たちは名目上、芸妓・酌婦と称しているが、その実態は娼妓であった。

この史料は一九三四年一月であって、日中戦争より三年半前の満州国熱河省のようすを伝えている。日中戦争の時のものではないが、名目上、芸妓・酌婦と称しているけれども、その実態は娼妓であったという事例として紹介しておく。こういった時期に、内地の娼妓と同じ取り分の売春婦が、赤峰の料理店で、駐留部隊の将兵を相手にして稼いでいた。この場合、彼女たちはどこから見ても売春婦である。私が以前、提起した、従軍慰安婦の中の売春婦型に属している。史料が従軍慰安婦の中の売春婦型に属していることを明確に示している。

次の史料から、山西省大同に出かけた芸妓、酌婦、女給の具体的な人数がわかる。ある特定の日本人町に出かけた売春婦の内訳まで示す史料は珍しい。宗教団体（救世軍）の機関紙ということで、多少、検閲が甘くなったのかもしれない。

「支那山西省の大同は、同省第二の都会といはれてをり、近くに有名な石仏寺がある。支那事変前は、日本人はたった一人、満鉄社員がゐただけであるが、今では四十九世帯二百九十人の邦人がゐて、その中の三十人は芸妓、六十人は酌婦、四十人は女給で計百三十人。尚その中には半島人酌婦五十三人、女給一人であるとのこと。▼日本軍占拠地に、まづ開店されるのは、汁粉屋で、次が時計屋、あんやき屋、旅館、料理屋、カフェー、写真屋といった順であるといふ。」（『ときのこゑ』、一九三八年一月一五日）

芸妓三〇人、酌婦六〇人、女給四〇人、合計一三〇人と名目はきれいに分かれているが（娼妓が一人もいないことを確認せよ！）、その大部分の実態は、前借金でしばられた娼妓であったと私は推測する。朝鮮人の比率が高く、四割を占めている。朝鮮人は酌婦五三人、女給一人であった。なぜか、たった一人だけ、女給がいる。彼女だけが実質的にも私娼であった可能性が高い。

次の史料が示すように、日本軍の占領直後に四〇名ほどの民間人が山西省太原に入っている。

「躍進する太原　（中略）事変勃発の年、皇軍入城後、相集った同胞は僅か四十名程だった。その人々によって日本人倶楽部が組織されたのだったが、今では在留邦人は一万五千二百名（内、男九千百）となり、」（『東京朝日新聞』、一九四〇年一一月九日）

彼らは、売春業者、および彼らに連れられた売春婦たちであったと推察する。彼らが、進撃する軍隊のすぐうしろに追随して、民間人としては占領地に一番乗りする事例はしばしば見られた。こうした荒っぽいやり方は、たしかに多少危険だったが、しかし、荒稼ぎもできたからである。また、次の史料は、「若い女を十数人置いてやる水商売等々は、当たればボロい商売である。」と率直に述べている。この場合、十数人の若い女性と、水商売の経営者との関係が問題である。

「何んと云っても当るのは、食ひ物商売である。やれ戦争だ、やれ支那兵だと云ふときには、梅干と握飯で飢えを凌ぐ兵隊さんでも、後方に居るときは矢張り人間である。天婦羅も喰ひたいし、日本酒を刺身か何かで一杯やりたくなる。これが人情であるから、料理屋だとか、飲食店だとか、或ひは宿屋、余まり勧められないが若い女を十数人置いてやる水商売等々は、当たればボロい商売である。」（高木陸郎編『北支経済案内』、一九三九年、今日の問題社、三二二頁）

彼女たちが実質的にも私娼だったならば（名目は芸妓・酌婦・女給のいずれでもよい）、独立して売春を稼業として営むものであって、特定の業者と経済的な関係を取り結ばなかった。一人で売春をして、遊客が払った金はすべて自分のものになった。業者がそこに立ち入る余地はなかった。この場合、業者は中国戦線にある日本人町まで彼女たちを案内して連れてゆく、単なる引率者に過ぎなくなる。それでは、利益はたいして期待できず、商売としてうまみに欠けていた。だから、このような事例はほとんどなかったと思われる。

多くの場合、売春業者はまえもって彼女たちの親たちに一定の金を、前借金として前渡しする。彼女たちは売春で稼いで、その借金を返済するというしくみであった。だから、彼女たちは実質的に娼妓であった。ただ、日本人町には、日本内地にあるような遊廓は存在しなかったから、彼女たちを監禁しておけなかった。その実態が娼妓であった若い娘を十数人、戦地に連れてゆく。そうすれば、売春業者は彼女たちを搾取することができ、その利益は相当大きかった。この時、彼らは、公娼制度下の売春業者、すなわち法律用語でいえば、貸座敷業者に実質上、なっていた。

日本人町における売春婦のようすは千差万別であった。一般的にいえば、高級売春婦たる芸妓は料理店（料理屋）、酌婦は飲食店や料理屋、女給はカフェーを、それぞれ売春の場としていた。遊廓がないことだけは違うが、あとは日本内地と同じであった。兵士たちは内地の場合と同様に、これらの売春の場に出かけ、思い思いに（可能ならば、好みの）女性を求め、セックスした。ただ、将校と兵士には収入の差が厳然とあったから、兵士は高級な料理店にはゆけなかった。

「彼らの女房」という用語で、特定の兵士となじみになった売春婦のことを呼んでいる（松井真吾「娘子軍出征」、『犯罪公論』、一九三二年四月号。前掲、拙著の一三三頁に引用。）。戦地においても、心を通わせられる女性ができる場合があった。兵士のリフレッシュ効果を考えるならば、こういった関係ができるようなしくみのほうが望ましかった。

以上、日本人町の売春婦について述べてきた。それをまとめれば次のようになろう。すなわち、日本人町にいた売春婦は、名前だけでなく、その性格も日本内地の売春婦と同じであった。ただ、娼妓の名称はなく、遊廓も作られなかった。日本人町の売春婦は芸妓・酌婦・女給と名のっていたが、その実態はほとんど娼妓であった。名前通りに、私娼の実態を持つものは少なかった。

彼女たちの数は、一九四〇年で一・五万人であった。その後も増加していったことであろう。兵士たちは順番に近くの日本人町に出かけ、在留日本人の商人から、売春を頂点とする各種のサービスを受けた。セックスの面でいえば、日本人町の売春婦が果たすリフレッシュ効果は大きく、兵士たちから歓迎された。後述するように、それは性的奴隷型の従軍慰安婦の比ではなかった。

一方、性的奴隷型の従軍慰安婦も少数ながら存在した。彼女たちは日本人町には居住しなかった。軍の管理下に置かれ、別の所に隔離された。したがって、在外公館（領事館）の管轄外にあった。だから、彼女たちは、外務省が作成する在留日本人の人口統計に入っていなかった。こういった事情から、具体的な人数も不明である。

二枚の写真

朝日新聞大阪本社所蔵の富士倉庫写真から、中国戦線に形成された日本人町のようすを伝えてくれる珍しい写真を二枚紹介する。まず、一枚は江西省九江の繁華街（大仲路）を二人の若い女性が着飾って歩いている写真である。裏に「大阪朝日 15.1.19 保存写真」というゴム印がある。あとは手書きで、「新年の大阪版用」、「大陸に氾濫した大阪色　九江大仲路の大阪色　九江小山特派員撮影」と記されている。昭和一五年（一九四〇年）一月一九日の『大阪朝日新聞』

江西省九江市。お正月なので、繁華街をおしゃれして歩く

湖北省漢口市。料理店に「出勤する」芸妓たち

（大阪版）に、この写真は掲載されている。したがって、ゴム印は、この写真を撮影した日時ではなく、新聞に掲載された日時を示している。写真を掲載した記事から判断して、この写真は一九四〇年一月に、江西省九江で、大阪朝日新聞の小山特派員が撮影したものである。

九江は、江西省の北端に位置する港町で、揚子江（長江）に面している。また、鄱陽湖（はようこ）の出口を扼していたことから、水運の要衝であった。一九四〇年は、日中戦争も四年目に入ったところである。決して緒戦の段階ではない。九江は軍事物資の重要な集散地として、多くの日本軍が駐屯していた。

新聞のキャプションは「目貫通り大仲路に見る大阪色」である。日本語で「美味●●　大阪寿し　九江名代」と書かれた看板が店の前に掲げられている。その店の前の通りを、二人の若い女性がいそいそと胸を張って闊歩している。日本髪を結い、和服を着ているが、場合によっては日本人女性ではなく、朝鮮人女性だったかもしれない。しかし、写真からだけでは判らない。とにかく、戦地であっても「お正月」が来たので、せい一杯、おしゃれをして、九江の繁華街（大仲路）を二人して歩いているところである。彼女たちの後ろから、日本軍の軍服姿で武装していない二人の男性も歩いている。日中戦争の真っ最中に、九江のような前線の町に、日本の若い女性がいた。彼女たちは、まぎれもなく日本軍の兵士を相手にする売春婦であった。

もう一枚は湖北省漢口である。中国人が見ている前を、「割烹御料理　日本閣」という看板のかかった店に五人の和服姿の女性が入ってゆく。店の構えが立派なことから、彼女たちは料理店に「出勤する」芸妓であろう。こちらの写真は、昭和一五年（一九四〇年）一月二〇日の

『大阪朝日新聞』（大阪版）に掲載された。新聞のキャプションは「漢口の大阪情緒」である。

いわゆる従軍慰安婦なるものは、「強制されて」、もっと厳密に言えば、「首に縄をつけて」抵抗できない形で拉致してきたり、あるいはまた、甘言を弄して、だまして連れてきたものだと説明されている。私は以前から、こういう見解に疑問を持ってきた。私は、従軍慰安婦には売春婦型と性的奴隷型の二つのタイプがあったと主張した。

強制的に戦地に連れてこられた性的奴隷型の女性たちは、当然、地獄の日々を毎日、泣き暮らして過ごしていたことであろう。しかし、今回、紹介した写真の女性たちはそういったタイプには見えない。写真は、けっこう正直である。その場の「真相」を切り取って、見るものに示してくれる。二枚の写真が示す女性たちは、だまされたり、あるいは強制的に戦地に連行されてきて、毎日、泣き暮らし、地獄の日々を過ごしている性的奴隷型の従軍慰安婦には到底、見えない。彼女たちは明らかに日本軍の将兵を相手にする売春婦型の従軍慰安婦であった。私は、極端な話、これらの写真だけで、ステレオタイプな従軍慰安婦理解は崩れさると考える。

また、九江の町に大阪寿しの店が出ているのも珍しい。当然、日本兵を相手に商売している。兵士も人間である。兵営で食べる食事はまずい。戦地にいても、可能ならば、たまにはうまいものを食いたい。ひょっとすると、当時、九江の町に大阪府出身の部隊が駐屯していたかもしれない。その場合、故郷恋しさと故郷の味に釣られて、彼らは喜んで大阪寿しの「のれん」をくぐったことであろう。九江の町に大阪寿しの店を出しているのも在留日本人商人である。だから、熱河省凌源県城の場合と同様に、日中戦争期、江西省九江でも、駐留部隊と在留日本人商人との「共生」関係があった。

5　日本人町のリフレッシュ効果は絶大

ベトナム戦争の時、アメリカはタイのパタヤ・ビーチに一大歓楽境を作る。そこに、南ベトナムの戦場から、兵士を駆逐艦で次々と運んできて、休息させた。パタヤには、食い物屋、酒場、クラブ、賭博場、映画館、病院、教会など、アメリカ人兵士が伝統的に好むものが、なんでも豊富に用意されていた。たしかに、こういった「歓楽境」に連れて来られれば、兵士たちはある程度、リフレッシュできた。しかし、兵士たちが潜在的に求めるものは、もっと多様であった。おいしい食い物、酒、セックスだけで、苛酷な戦場で被った心身の消耗を回復できたとは思われない。

それでは、兵士たちが潜在的に求めたものはなにか。それを考える上で、救世軍が行った「報国茶屋」という軍隊慰問事業を取り上げる。――プロテスタントの一派である救世軍は、山東省済南に「報国茶屋」という施設を開く。休暇を得た兵士たちが、三々五々、報国茶屋にやって来る。彼らに暖かい紅茶とビスケットをふるまった。ビスケットは、内地の自由学園の女学生たちが焼いたものであった。兵士たちはくつろいで備え付けの新聞・雑誌を読んだ。また、レコードをかけて美しい音楽を楽しんだ。庭にはピンポン台が設けられていたから、ピンポンに打ち興ずるものもいた。歯医者が派遣されていたので、歯の治療もやってもらえた。ごく少数であろうが、キリスト教に親近感をいだくものは救世軍の士官（牧師のこと）に悩みを打ちあけ、心の安らぎを得られたかもしれない。以上は兵士に対するものである。

それと並んで、中国民衆に対する宣撫工作の一環として、無料の医療を施し、また、小規模な日本語学校を経営していた。二人の職員が常駐して、これらの仕事に当たった。救世軍はごく小さな教団だったから、彼らが行った事業もささやかなものであった。それでも、兵士たちから大歓迎された。あまりに苛酷で殺伐とした戦場と比較すれば、報国茶屋の雰囲気は別天地のように感じられたからであろう。

兵士たちは、備え付けのノートに感想を記している。その一部が救世軍の機関紙に掲載された。以下は、兵士の「感想記録の抜粋」である。

「只、感謝の一語あるのみ、我が家に帰った様な気がします。」（『ときのこゑ』、一九三九年九月一五日）

「▽海山遠くはなれ、異境の地にて報国茶屋に一歩足を踏み入れれば、なつかしい我が家へ帰った様だ。我々の心を励して下さる銃後の皆様に感謝する。（一兵士）

▽報国茶屋に一休みすると、小生が家に帰った楽しさだ。大陸にゐるやうに思はない。厚く御礼申上げる。（一兵士）」（『日本救世新聞』、一九四一年七月一日）

ここから、出征中の兵士たちが切実に求めたものが、かいま見えてくる。「我が家に帰った様な気がします。」——ある種のお世辞も混じっているが、兵士たちの率直な思いが伝わってくる。

兵士たちは、たとえ一時的であっても、本当はなつかしい我が家に帰りたかった。長い外征に倦みつかれた兵士たちが潜在的に求めたものは、内地の我が家への一時帰休であった。それが兵士をリフレッシュするための最善の策であった。しかし、当時の日本の国力をもって、一〇〇万人の兵士を一時帰休させるために内地に送り出すことはできなかった。そこで、次善の策として、戦場の近くに「内地の我が家」によく似たものを準備し、そこに順番に兵士を送り込む方式を考え出す。この方式ならば、可能であった。要するに、やす上がりに兵士のリフレッシュをはかる方策であった。

日本人町は二〇〇以上もあった。これを、数百人程度の小規模なものと、数千人から一〇万人に達する大規模なものに分けて考えることにする。まず、小規模な日本人町の場合、パタヤの町が果たしたのと基本的に同じ役割を果たした。これを「歓楽境」路線といっておく。兵士たちに、おいしい食い物、酒、セックスなどを提供した。商人は、こういったもので兵士たちを直接的にねぎらった。町の規模が小さかったから、実際、これぐらいしか提供できなかった。こういったサービスを提供されて、兵士たちはある程度、リフレッシュできた。しかし、そのリフレッシュ効果は限定的であった。

次は大規模な日本人町の場合である。三〇〇一人以上の規模を持つ日本人町が一九あった。この場合、前述のパタヤが持った歓楽境の要素に加え、日本内地の町を中国戦線にほぼ再現したという効果もあった。やってきた兵士は、飲食・セックスのサービスを受けるだけではなかった。それに加え、あたかも内地の町に戻ったような感じを持ちえた。

兵士は軍服を着用しているので、町の住民にややとけ込みにくかったかもしれない。それでも、日本人町をぶらぶら散歩し、住民に声をかけ、世間話をすることはできた。内地の商店と変わらない商店に行き、買い物を楽しむこともできた。内地から各種の宗教団体が日本人町に進出してきていた。だから、宗教心を持つものは、お寺・神社・教会に行って、それぞれの宗教者の説教を聞き、祈ることもできた。読書が趣味のものは、書店に行き、評判の本を買って、読むこともできた。占いを見てもらうものもいた。附属の日本人小学校に行って、児童たちが校庭で元気に遊んでいるのを見れば、内地に残してきた自分の子どものことを思い出したことであろう。歯痛に悩むものは歯医者に行って治療してもらえた。映画館に入り、日本の映画を見ることもできた。

日本人町では、ごく普通の日本人が内地にいた時と同じように様々な職業に従事していた。そこには市井に暮らす、普通の人々の生活があった。兵士たちは、今は召集され、兵隊として外地で戦わされているが、つい数年前まで内地のとある町や村で、彼らと同じように働いていた。召集される以前の、彼ら自身の数年前の生活が目の前にあった。こういう環境に親しく身を置く。猥雑な都市機能が全体として働き、種々の側面から兵士の心を癒した。苛酷な戦場にいることを、つかの間であっても、忘れることができ、リフレッシュ効果は大きかった。

戦場近くに内地の町とよく似た日本人町が再現された。そこにゆけば、兵士たちは一時的に内地の町に帰ったような感じが得られた。日本人町（とりわけ、大規模な日本人町）が、兵士のリフレッシュに果たした効果は大きかった。その効能をいくら強調しても、強調しすぎることはあるまい。それだけの意義を持っていた。パタヤより、日本人町のほうが兵士の心身のリフレッシュに対して、はるかに有効であった。

もし仮に、パタヤにアメリカ人民間人を一万人程度連れてきて、アメリカにいた時と同じように生活させたとする。リトル・アメリカをパタヤの町に作るのである。北京・上海並みの一〇万人ではいかにも多すぎるので、せめて一万人としておく。アメリカで商売を営んでいたものは、パタヤで同じように商売させる。南ベトナムの戦場からやってきた兵士たちは、もっと効果的に癒されたことであろう。アメリカに一時、戻ったような感じが得られたからである。「歓楽境」路線だけよりも、癒しの効果はもっと大きかった。一方、一万人のアメリカ人を連れてきて、パタヤの町で生活させるのに要する費用に思いを致すと、その財政的負担の大きさに困惑してしまう。しかし、日本人町の規模は、その六〇倍もあった。いかに大きな負担になっていたかが理解されよう。

商人は内地から中国戦線の占領地に移住してくる。なるべくならば、内地で生活していた時と同じ職業を営み、暮らしてゆきたい。中国戦線の占領地に形成された日本人町は、限りなく内地の町に近いものになった。こうして、兵士が潜在的に求めたものと、在留日本人の存在形態がたまたま一致する。以前、このような一致はなかった。在留日本人の数が少なかったから、それ以前には日本人町を作れなかったからである。しかし、日中戦争にいたって、戦争の規模がこれまでにないほど拡大したこともあって、はじめて可能になった。結果的に、日本は効果的なシステムを作り上げた。しかし、欠点も当然あった。日本人町を維持するために、とにかく莫大な金がかかったことである。

性的奴隷型の従軍慰安婦と、日本人町に多くいた売春婦型の従軍慰安婦――どちらが兵士から好まれたか。また、どちらのほうが兵士に対してリフレッシュ効果をより多く発揮したかである。

性的奴隷型の女性たちは、だまされたり、あるいは強制的に（首に縄をつけられて）、自らの意志に反して、（おそらく）朝鮮から中国戦線に連れてこられた。彼女たちは軍の駐屯地に隣接した所に監禁され、毎日、多数の兵士のセックスの相手をさせられた。軍に生殺与奪の権を握られ、一切の自由を剥奪された。文字通り奴隷の境遇に置かれた。当然、彼女たちは毎日、泣き暮らして、地獄の日々を過ごしていた。こういった彼女たちとセックスをして、兵士たちはどの程度、癒されたのであろうか。

ニワトリのケージのような施設で彼女たちとあわただしくセックスしても、そこに心のつながりは何一つ生まれなかった。彼女たちと人間同士としての交情がなかった。こんなもので、兵士たちの心が深く癒されたとは到底思われない。要するに、性的奴隷型の従軍慰安婦のリフレッシュ効果は極めて小さかった。だから、こういったタイプの従軍慰安婦が基本だったならば、八年に及ぶ中国との戦争は、途中で瓦解していたとまで私は考える。

後者のタイプ、すなわち、日本人町で暮らす売春婦型の従軍慰安婦がたまたま形成されたので、ようやく兵士たちの不満をなだめることができた。日本人町という方式は、たしかに金がかかった。六〇万人にもふくれあがった在留日本人の生活の面倒まで見てやらねばならないのだから、軍や国家にとって、大きな負担となった。反面、長期戦で心身を消耗させた兵士をリフレッシュする方法としては抜群の効果を発揮した。こういった効果抜群の日本人町が二〇〇も中国戦線にできていた。とするならば、日本人町のほかに、限定的な効果しかない性的奴隷型の従軍慰安婦を用意する必要があったのだろうか。私はなかったと考える。

戦場は千差万別で決して一様ではない。まして日本軍は八年もの間、一〇〇万の大軍を中国に派遣し続けた。だから、あらゆる状況がありえた。性的奴隷型の従軍慰安婦が中国戦線にも存在したことは認める。しかし、それは少数の例外的なものに過ぎなかった。たとえば部隊が日本人町から遠く離れて駐屯していて、日本人町を利用しにくい場合や、あるいはまた、部隊の性格から秘匿することが求められ、軍機上、日本人町を利用できない場合などが想定される。こういった場合には、中国戦線においても、やむなく性的奴隷型の従軍慰安婦を利用したかもしれない。しかし、一般的には兵士から歓迎され、効果もはっきりしている日本人町にいた売春婦型の従軍慰安婦のほうを利用した。

前述したように種々の理由から、太平洋戦争期、東南アジア方面に日本人商人は多く出かけなかった。そのことから、この時期、東南アジアでは性的奴隷型の従軍慰安婦が相当程度、存在したであろう。しかし、中国戦線では性的奴隷型の従軍慰安婦は少数の例外的な存在であり、売春婦型のほうが一般的であった。

軍として、はじめから意図したわけではなかろうが、長期戦の遂行に極めて有効な方式を結果的に作り出したことになる。日本人町が多く中国戦線に形成されたことで、八年におよぶ長期戦にもかかわらず、兵士の大規模な反抗や反乱は起こらなかった。なんとか兵士の不満をなだめてゆくことができた。

日本人町が兵士のリフレッシュに対して抜群の効果があったならば、どうして中国民衆に対して、彼らがしばしば残虐行為を働いたのかが問われよう。以下はその答である。日中戦争は、日本の国力をはるかに超えた大戦争であった。兵力が慢性的に不足した。その上、日本軍は兵士一人一人を大事にしない軍事思想を強固に持っていた。その結果、前線に長期間、兵士を張りつけたままにしておいたから、彼らはひどく消耗していった。

また、八路軍相手に彼らは対ゲリラ戦を戦った。対ゲリラ戦は、どうしても残酷な戦いになりがちであった。空襲や長距離砲撃のように殺される側の顔が見えないほうが、殺す側の気持ちも楽であった。対ゲリラ戦では目の前で相手を撃ち殺す。しかも、多くの場合、ゲリラないし、その同調者かいなか、よくわからない。その疑いだけで殺してしまう。丸腰で非武装の女性や子どもまで、とにかく殺した。戦争というものは、おしなべて残酷・非情なものであるとしても、対ゲリラ戦は、その性格がとりわけ強く現われた。

そういった対ゲリラ戦に長期に従事させられることで、まちがいなく兵士たちの心身は極度に消耗していった。その結果、彼らは往々にして中国民衆に対して残虐行為を行なった。結局、日本人町のリフレッシュ効果は、兵士に大規模な反抗や反乱を起こさせない程度にまでは働いたが、しかし、中国民衆に対する残虐行為をなくすことまではできなかったということになろう。

結び

幾何の問題では、一本の補助線を引くことで、たちどころに解が得られる。今回、従軍慰安婦問題の解明のために、日本人町という補助線を用いた。中国戦線に二〇〇ぐらいの日本人町が作られる。そこに、日本内地と同じようなタイプの売春婦がいて、兵士の相手をした。彼女たちは売春婦型の従軍慰安婦であった。

「はじめに」で述べたように、かつて私は、従軍慰安婦には売春婦型と性的奴隷型の二つのタイプがあること、そして、性的奴隷型は一九四〇年頃になって、朝鮮人女性の間にだけ出てくると主張した。今回、中国戦線に多くの日本人町の作られたことを指摘し、それに分析を加えた。結果として、私の従来の説を補強するものになった。したがって、私としては以前の説をそのまま主張するものである。

【補遺】

なお、外務省調査部編『海外各地在留本邦内地人職業別人口表』(復刻版、不二出版、二〇〇二年)から、日中戦争時、中国戦線に出かけた日本人の状況を簡単にさぐってみる。一九四〇年(昭和一五年)が最も新しく、それ以降の時期の統計はないので、紹介するのは、一九四〇年の状況で

	総数	男性	女性	売春婦	比率
済南	19641	11512	8129	1134	14.0%
南京	14177	8907	5270	721	13.7%
九江	2467	1342	1125	568	50.5%
漢口	10279	6400	3879	954	24.6%

外務省調査部編『海外各地在留本邦内地人職業別人口表』（復刻版、不二出版、二〇〇二年）より作成。

ある。中国（満州国・関東州・台湾および香港を除く。以下、同じ）在留日本人は総数三六万五四一二人、男性二二万八七八人、女性一四万四五三四人であった。

この統計は、伝統的に在留日本人の職業を六〇項目に分けて記している。第三五項目は「芸妓、娼妓、酌婦其他」であって、売春婦を指す。なお、数字は合計であって、それぞれの内訳はわからない。中国全体の在留日本人の売春婦は、一九四〇年一〇月で、一万五〇四一人である。

また、この統計は、各地の領事館管内ごとに分けて、職業別の人口を掲載している。とりあえず、四ヶ所の領事館管内（済南、南京、九江および漢口）だけにしぼって、一九四〇年の在留日本人の総数・男女別、および前掲の第三五項目「芸妓、娼妓、酌婦其他」だけを紹介する。また、参考までに在留日本人女性の中で売春婦が占める比率も合わせて示す。

一九四〇年、中国戦線の日本人町に全体で約一・五万人の売春婦がいた。済南や南京の場合、売春婦の比率はまだ低い。しかし、前線に近い九江領事館管内の場合、驚くべきことに在留日本人女性のおよそ半数は売春婦であった。九江は江西省北部で揚子江（長江）に面している。こういった統計からも、おおざっぱであるが、日中戦争の時、中国戦線に多くの日本人売春婦がいたことがわかる。

第二章　駐留部隊と在留日本人商人との「共生」

——満州国熱河省凌源《りょうげん》県城の事例

はじめに

中国吉林省档《とう》案館に満州中央銀行資料が所蔵されている。その中に様々な資料があるが、その一つに「出張員報告」がある。これは、満州中央銀行の各支店から、毎月一回、本店に向かって提出された報告書である。日本語で書かれている。当該地域の経済・金融状況が主な内容である。「出張員報告」を書くのは決まっていたようで（おそらく支店長）、一人の人がずっと書いている。一定期間にわたって、同じ支店からの「出張員報告」が残っていれば、結果的にその地域の状況を比較的長期にわたって観察する、一種の「定点観測」のようなものになる。

熱河省凌源県の支店からの「出張員報告」が、まさにそれに当たる。一九三四年（康徳元年）一一月から一九三六年（康徳三年）六月までの一年八ヶ月分が残っていた。前半は川幡繁造、後半（一九三五年一一月より）は鈴木が執筆している。

また、これとは別に満州中央銀行凌源支行『地方情形調査報告書　凌源県城』がある。全部で一一頁の短いもので、中国語で書かれている。著者は不明。一九三五年一二月三一日の発行である。表題に凌源県城とあるように、農村部を含めた凌源県全体ではなく、都市部である県城のみを扱っている。

本稿はこの二種類の資料を主に利用する。前述の「出張員報告」では、阿片のことが多く出てくる。凌源県を含め、熱河省の産業といえば、阿片ぐらいしかなかったからである。しかし、本稿では阿片問題は割愛する。

満州事変以前、熱河省には在留日本人はほとんどいなかった。熱河作戦で、熱河省に進攻した日本軍のあとを追いかけるようにして、各種の日本人（少数の朝鮮人を含む）が集まってくる。凌源県にも日本人が多くやってきた。前掲の「出張員報告」などは、軍事占領から、まだ二、三年しか経っていない一九三五年前後の凌源県のようすを報告している。この時期に凌源県にやってきた日本人のようすがある程度わかる。

実は熱河作戦の最中や直後のことは、比較的多く記録が残っている。この軍事行動が日本国民の関心を集めていたからである。熱河作戦の直後に、軍隊を追いかけて熱河省にゆく日本人（その多くは軍隊相手の売春婦とその関係者）のことを記した資料は比較的多く残っている。[1] しかし、戦闘が一段落し、占領支配する時期になると、はなばなしさがなくなることもあって、マスコミの関心は急速に薄れてしまう。熱河省に進攻した日本軍が、その後、同地をどのように占領・支配したかを記す資料はごく少ない。

一九三五年前後の状況を知らせてくれる前述の「出張員報告」などは、その意味で貴重である。本稿は、戦闘が一段落し、占領支配するようになった時期の在留日本人の状況を紹介する。なお、「出張員報告」などの原文はカタカナ表記である。本稿では、読みやすさを考慮して、ひらがなに直して表記する。

2　凌源県の治安状況と鉄道建設工事の進捗

日本は一九三二年に満州国を作る。その翌年三月、いわゆる熱河作戦という軍事行動を起こす。当時、熱河省という省があったが、ここを占領し、満州国の版図に組みこんだ。これによって、万里の長城が満州国の西南の国境線となった。凌源県は熱河省の南部に位置していた（地図1）。

凌源県の周囲は一木一草も見ないような荒涼とした山地であった。土地もやせていたから、ケシぐらいしか植えられなかった。[2] しかし、錦州と承徳のほぼ中間に位置していたことから、凌源県城は物資が集散する田舎町であって、それなりの賑わいを見せていた。[3]

次は人口である。「凌源地方事情」（凌源出張員川幡繁造著、一九三四年一一月二六日）は「出張員報告」の一部であって、毎月の報告とは別に凌源県の状況を概括的に述べたものである。それによれば、「現凌源県戸数、人口に付き、県警務局最近の調査を示せば、左の如し。戸数六万五七九四。人口三二万五七一四。（内、県城内人口一万二四六二）」であった。このように、凌源県全体では三三万人弱の人口があった。

凌源県城だけについては、別の調査もある。

山崎惣與編『満州国地名大辞典』（日本書房、一九四一年）は、凌源県城の人口を、一九三四年（康徳元年）一二月調べで、「三〇六九戸、一万四三八八人。（内日本人九六三

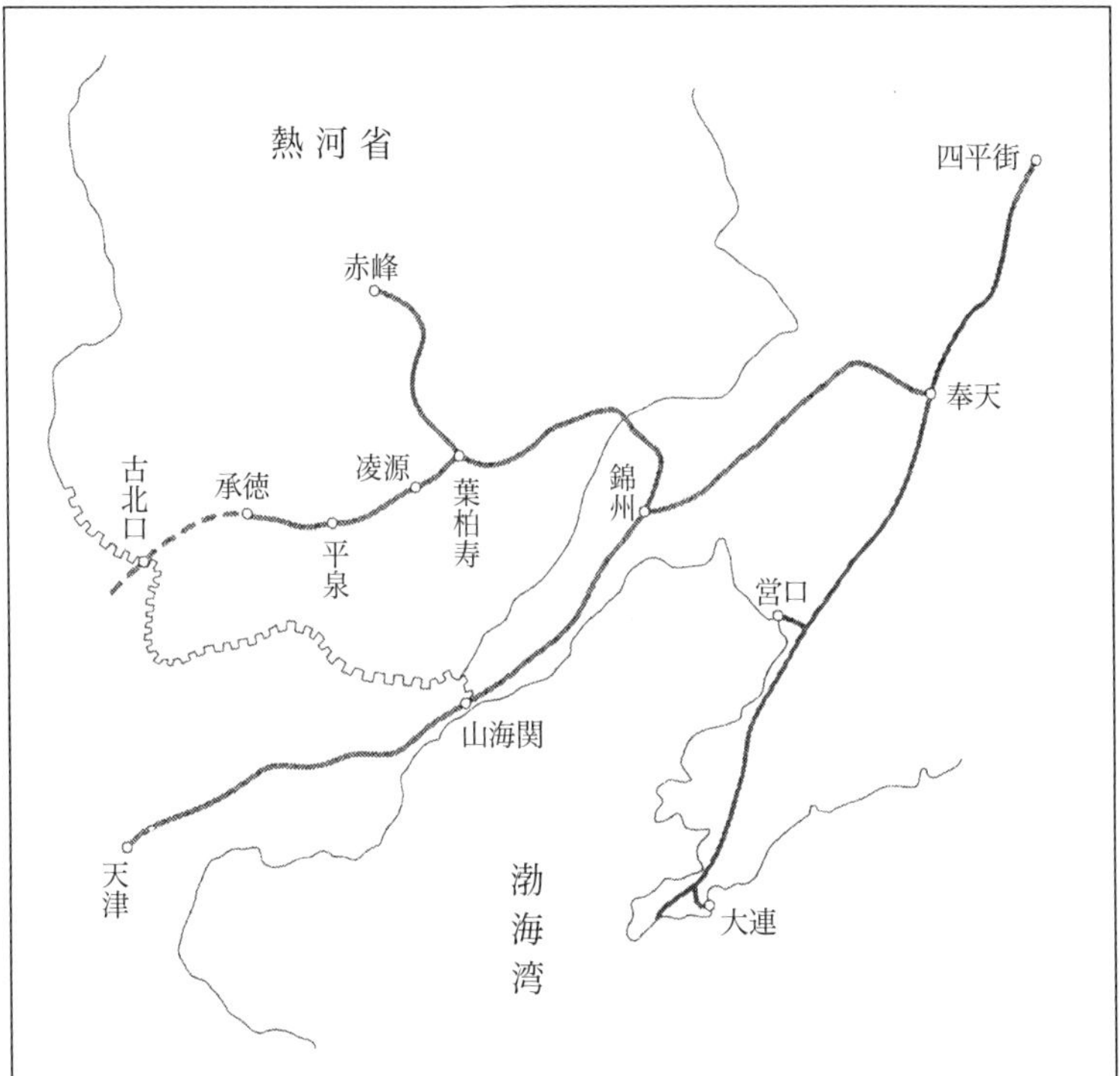

地図1　満州国熱河省の南部

人)」と述べている。また、満州事情案内所編『満州国地方誌』(満州事情案内所報告第八五号、一九四〇年一一月、六三〇頁)は、「凌源街」の戸数三一〇四戸、人口一万四〇六〇人。そのうちの日本人一八〇人、朝鮮人三六人、外国人七人としている。

さらに、前掲、満州中央銀行凌源支行『地方情形調査報告書　凌源県城』(一九三五年一二月三一日調べ)は、戸数三二二六戸、人口一万五〇一九人。そのうち、日本人四五四人、朝鮮人五〇人、外国人七人としている。このように、凌源県城の人口は、一・二~一・五万人程度であった。

当時、日本側は抗日武装勢力を匪賊と呼んでいた。当初、もともと警備が手薄な辺境では、多少、生き残ったとしても、全体としては抗日武装勢力を抑えこめると楽観的な見通しを述べていた(「出張員報告」、一九三四年一〇月)。しかし、抗日武装勢力はしぶとく生き残り、時に容易ならざる勢いを示した。特に夏季、彼らの活動は盛んになった(「出張員報告」、一九三五年五月、および一九三五年六月)。

凌源県周辺にいる抗日武装勢力の規模は、もともと大きなものではなく、比較的小さかった。「一部には北支方面と連絡を保ち居る政治匪もあり、」(「出張員報告」、および一九三五年五月)というように、共産党の影響を受けたゲリラも多少いたが、しかし、この段階ではその割合はまだ小さかった。

彼らを「半農半匪なるを以て、討伐は困難なり」(「出張員報告」、一九三五年六月)と表現している。一定の季節に限って、ゲリラに加わり、あとの時期は農業に従事している、いわばパートタイムのゲリラであった。山岳地帯で交通が不便なことも相俟って、彼らを根絶するのは難しいという見通しを述べている。

日本側は何回か、彼らに対して、徹底的な討伐を行なう。これにより、彼らは潰滅的な打撃を受け、中には投降するものもいた。しかし、それでも完全に彼らの息の根を止めることはできなかった。ゲリラの一部はからくも生き延び、以後もしぶとく活動を続けた。しかし、「比較的治安の確立せるは県城附近第一区のみで、県境地方、最も悪し」（「出張員報告」、一九三五年五月）とあるように、ゲリラの活動は辺境にほぼ限られ、さすがに凌源県城までは及ばなかった。したがって、県城で生活している限りは安全であった。

錦州から北上して承徳に到る鉄道は、日本が建設した。葉柏寿から分かれて赤峰に行く支線も同じく日本が建設した。当時は錦州から承徳までであって、万里の長城を越えて北京までは通じていなかった。そこで、鉄道の両端の町の名前をとって、この線を錦承線と呼んだ。

鉄道の敷設は大工事である。短期間に準備できるものではない。おそらく、満州事変以前に中国側が計画（あるいは一部、着工）していたプロジェクトを引き継いで、完成させたものであろう。日本側にとっても、錦承線を建設する意義はあった。軍隊の迅速な移動や奥地からの物資の輸送などに、鉄道は不可欠だったからである。

次に工事の進捗状況を見てゆく。まず、一九三四年一〇月段階で、凌源まではすでに鉄道が通じていたようである。一九三五年一月一五日より、凌源・平泉間の仮営業が始まる。しかし、この段階では、まだ平泉まで直通運行ではなく、凌源で打切り、別の列車に乗り換えねばならなかった（「出張員報告」、一九三四年一二月）。

しかし、同年四月一日より、平泉まで直通運転となった。さらに平泉から承徳に延伸する工事も行われていた。また、ほぼ同じ頃、赤峰支線の建設工事も行っていた（「出張員報告」、一九三五年三月）。

一九三五年八月には、凌源・平泉間の鉄道敷設で土地を買収された人に土地代金、約六万円が支払われている（「出張員報告」、一九三五年八月）。一九三五年一〇月一日より、凌源・平泉間の鉄道は本営業を開始した（「出張員報告」、一九三五年九月）。

このように、当時、凌源県附近で日本側による鉄道建設工事が行われていた。鉄道建設工事はもともと大規模なものであった。そこで、それに附随して多くの労働者や技術者が凌源県に集ってくる。さらに鉄道建設工事の完成に伴い、彼らは大挙して、次の工事が行われる平泉方面に移動していった。後述するように、鉄道建設工事がたまたま近くで行われ、かつ終了したことで、凌源県城に在留する日本人社会に一定の変化をもたらさざるを得なかった。

3　在留日本人の人口の推移

凌源県城に在留する日本人の人口の推移である。彼らは三つのグループに分かれた。すなわち、駐留部隊の兵隊、鉄道建設工事に来ていた労働者や技術者、および、一般の民間人である。最後の民間人の大部分はいわゆる商人であった。

ところが、第一の兵隊と、第二の鉄道建設工事関係者の人数は、統計からはっきりわからない。抗日武装勢力がまだ活動している状況であるから、一九三五年前後の凌源はまだ準戦時体制にあった。そうである以上、兵力を敵に知られることは厳に慎まねばならなかった。だから、満州中央銀行の「出張員報告」という、いわば身内の文書であっても、兵力を示す資料、すなわち駐留部隊の兵員数は厳重に秘匿された。

また、錦承線の建設も軍事的な性格を帯びていた。戦争や占領支配と決して無縁な存在ではなかった。この段階で錦承線を建設することは、日本が熱河省南部を軍事支配してゆくのに有利に働いた。鉄道建設が軍事的な性格を持つことから、駐留部隊と同様に、鉄道建設に従事する労働者や技術者の人数も秘匿された。

次の文章が凌源県城に在留する日本人の状況を的確に報告している。すなわち、

「熱河討伐と共に入凌したる日本人は其の後、軍隊の駐在、鉄道の建設に伴ひ、逐次増加し、最高（昨年八月）一五〇〇人の在留日本人を数へたることあり。弊員来凌当時、尚一三〇〇人在留したるが、然るに其の後、鉄道建設の一段落と共に諸工事請負人及満鉄鉄道建設関係者等が続々引揚げ、これに伴ひ附随する所謂水商売も次第に移転せり。

本年一月、平泉への鉄道開通、仮営業を開始するや、この衰退に一層拍車を掛け、爾来、

日本人は逐月、減少の一途を辿り、八月末現在に於ては左表の通り六〇〇人に充たざる状態となりたり。而うして現在残留せる商人にしても売行減少、商売不振に脅え居り、何れも引揚の好時期を狙ひつつあり。

中にも最も悲惨を極めたるは日本人旅館業者にして、凌源が終点たる当時に於ては宿泊者も可成りあり、相当の繁昌を呈したるも、平泉への鉄道開通と共に、宿泊者ぱったり杜絶へ、最近に於ては六軒の業者中、平均一人といふ惨めな状態である。彼等業者は何れも不動産に相当の投資をなし居るを以て、衰微せる折柄、引受手も無之。財産の整理方法つかず、容易に引揚げ得ざる状態である。

以上は大体の在凌日本人の状態にして、産業的、政治的に何等の背景を持たない凌源にとっては、景気も一時的のものにして、結局、衰退の途を辿る外なきが、朝に一軒、夕に一軒、引揚の声を耳にし、凋落し行く日本人の有様を眺めては、共食式商業をなす以上、当然とは云へ、余り感じのよきものに非ず。その定着性なきを遺憾に思ふ」(「出張員報告」、一九三五年八月)

このように、凌源県城にやってきた日本人は一九三四年八月ごろが最も多く、一五〇〇人もいた。前述したように、凌源県城の人口はおよそ一・五万人であった。だから、最盛期においては、在留日本人は凌源県城の人口の一割を占めるほどであった。

川幡繁造という名の行員が凌源に赴任した時(具体的な期日は不明)でも、まだ一三〇〇人いたという。その後、鉄道工事が一段落したことで、労働者や技術者が引き揚げていった。一九三五年一月、平泉まで鉄道が延び、凌源は一通過駅にすぎなくなってしまう。その結果、さらに在留日本人は減少し、一九三五年八月末で六〇〇人に減る。

商売は振るわず、引き揚げようとするものが多くなる。凌源が鉄道の終点の時は、日本人旅館業者の旅館は、宿泊者でにぎわった。ところが、平泉まで鉄道が延伸したことで、宿泊者はぱったりいなくなってしまう。最近では六軒ある旅館の宿泊客は平均一人しかいない。引き揚げたいのであるが、彼ら旅館業者は不動産に相当の投資をしたので、簡単に引き揚げもできず、困っているというのである。日本人商人がどんどん引き揚げてゆく有様を見るのは、あまり感じのよいものではないと述べている。

凌源在留日本人商人の商売が振るわなくなった原因を、鉄道が平泉まで延び、凌源が通過駅になってしまったことに求めている。凌源に代わって、平泉が繁昌する。繁昌している平泉が、現段階では日本人商人を多く吸引しているというのである。昨年まで一〇〇〇人いたのが、三〜四〇〇名に減ってしまう。ある商人は、昨年の売上は一二万円だったのが、今年一一月段階で、まだ二万円にすぎないという(4)。凌源在留日本人商人の商売の落ち込みは大きかった。また、具体的なことは記されていないが、駐留部隊の兵員数も減少した。

これらの史料を読んで、まず疑問とするのは、「出張員報告」の中で示される在留日本人の人数の中に、駐留部隊の兵員や鉄道工事関係者を含んでいるかいなかである。はっきり明言されているわけではないが、文章を読む限り、出張員があげる在留日本人の数は、兵隊や鉄道工事関係者を含んでいないように思われる。

凌源県全体の人口は約三三万人であった。これだけの数の中国人を恒常的に支配してゆく以上、相当数の兵力が必要とされる。一九三五年一一月段階で、日本人商人などの民間人を全部、含んで三〜四〇〇名になってしまう。もし、この中に駐留部隊まで含んでいるとすると、駐留部隊の兵員数はごく少数、たとえば一〇〇名ぐらいになってしまう。一〇〇名ばかりの駐留部隊では、三三万人の中国人を到底、押えきれない。だから、「出張員報告」の中で示される在留日本人の中には、駐留部隊の兵隊や鉄道工事関係者は含まれていないと私は判断する。

「出張員報告」などによって、凌源県城に在留した日本人の人口の推移を具体的に見てゆく。カッコ内の数字は朝鮮人。

一九三四年八月、一五〇〇人〔「出張員報告」一九三五年八月〕
一九三四年一一月二六日、一四〇〇人以上（一二四人）〔前掲、「凌源地方事情」〕
一九三四年一二月、九六三人〔前掲、山崎惣與編『満州国地名大辞典』〕
一九三五年二月、九四五人（一三三人）〔「出張員報告」一九三五年二月〕
一九三五年七月、六三三人（八七人）〔「出張員報告」一九三五年七月〕
一九三五年八月、五九一人（七四人）〔「出張員報告」一九三五年八月〕
一九三五年一一月、三〜四〇〇人〔「出張員報告」一九三五年一一月〕
一九三五年一二月末、五〇四人（五〇人）〔前掲、『地方情形調査報告書　凌源県城』〕

一九三六年二月末、四〇三人〔「出張員報告」一九三六年二月〕

一九四〇年一一月、二一六人（三六人）〔前掲、満州事情案内所編『満州国地方誌』〕

このように、最高一五〇〇人もいた在留日本人は、減少の一途をたどり、一九四〇年一一月には、わずか二一六人まで減ってしまう。

凌源県城に在留する日本人は、最も多い時、一五〇〇人もいた。しかし、その後、急速に減少する。その理由をもう一度まとめる。(1)凌源県附近で行なわれていた錦承線の工事が終わる。この結果、それまで凌源県城にいた工事関係者は大挙して、次に建設工事の中心地となった平泉方面に移動した。具体的なことは不明であるが、それはかなりの人数にのぼったと推定される。(2)当初、列車は凌源が終点であった。のちに平泉まで延伸するが、しかし、まだ仮営業の段階では直通運転ではなかった。このため、平泉方面に向かう旅客は、いったん凌源で下車し、別の列車をしたてて、平泉方面に向かわねばならなかった。このため、彼らは往々にして凌源に一泊せざるを得なかった。ところが、本営業になると、平泉まで直通運転となった。この結果、凌源は単なる通過駅になってしまう。こうして、下車する旅客が激減し、凌源の没落に一層、拍車をかけた。(3)具体的なことは不明だが、凌源にいた駐留部隊の一部も別の場所に移駐した。これによって、駐留部隊の兵員数は確実に減少した。

前掲の史料に、「共食式商業をなす以上」という記述があった。凌源県城にやってきた日本人商人の商売は「とも食い」だというのである。彼らは周囲に多くいる中国人を商売の相手とせず、日本人だけを商売相手にしていた。その意味では、たしかに「とも食い」といえた。しかし、もう一歩、仔細に見ると違っていた。すなわち、日本人商人はお互いを主要な商売相手にして商売をやっているわけではなかった。彼らの主要な商売相手は、駐留部隊の兵隊と、鉄道建設工事の関係者であった。この意味では、「とも食い」ではなかった。

だから、駐留部隊の兵隊と鉄道建設工事の関係者が大幅に減少すると、日本人商人の商売はただちにやってゆけなくなった。やむなく、凌源の町を捨て、もっと有利に商売をやれそうな別の場所に、商人もまた移動していったのである。

次は凌源県城にあった日本側の役所や団体である。

「領事館警察署、憲兵分駐所、松井警備隊、居留民会、在郷軍人分会、国防婦人会、小学校」(前掲、『地方情形調査報告書 凌源県城』)

「在凌諸機関及日本人 凌源警備隊(北満出動中。残留部隊少数)、凌源憲兵分隊、凌源自動車隊(近日、引揚の予定)、凌源領事館警察署、凌源電信隊、凌源関東軍倉庫、凌源県公署、凌源専売分署、凌源電信電話局、凌源郵局、凌源税捐局、凌源税関」(前掲「凌源地方事情」)

二つの史料を比べる。まず、駐留部隊の中心は凌源警備隊であった。「松井警備隊」という固有名詞がついているので、その隊長を松井といったのであろう。部隊は現在、「北満出動中」であって、少数の留守部隊が残っているだけであった。

在郷軍人分会がある。警備が手薄になった時、在郷軍人が召集されて、警備に当たった。(5)

また、凌源県城になんと、日本の小学校があった。日本人小学校の存在は前掲、満州事情案内所編『満州国地方誌』（五五二頁）からも確認できる。凌源県城に最盛期には在留日本人が一五〇〇人もいた。彼らの中には家族を伴ってやってきたものもいた。だから、学齢期の小さい子どもも相当数、いた。子どもの教育のために、こんな辺鄙な町にも日本の小学校を作ったのである。小学校は「凌源県居留民会立凌源県城小学校」とでも称したのであろうか。公教育の体裁をとっているが、しかし、実態は寺子屋か私塾に近いものだったであろう。準戦時体制下の、地の果てともいうべき熱河省の小さな町に日本の小学校が存在したことがおもしろい。

4　在留日本人商人の商売の内容

まず、「出張員報告」のほうでは、在留日本人の職業別の人口統計が二つ出てくる。「凌源地方事情」（一九三四年一一月二六日）（表1）と、「出張員報告」（一九三五年二月）（表2）である。二つを比べると、職業の中で、いくつか同じ項目がある。すなわち、［官吏・官公吏］、［料理屋・料理業］、［飲食店・飲食店業］である。しかし、残りは違っている。

「凌源地方事情」に掲載されている「会社員」一七一名、「運転手」一〇五名は理解に苦しむ。凌源県城に日本側の会社があり、会社員が二一戸、一七一名もいたとはにわかに信じられない。

在留日本人（領警調査）

職業別	戸数	男	女	計
官吏	11	33	13	46
会社員	21	138	33	171
料理屋	11	17	128	145
飲食店	18	19	89	108
土木請負業	10	38	9	47
運転手	19	91	14	105
其の他	106	190	124	314
計	196	526	410	936

「以上の外、朝鮮人 124 人あり。又、無届者尠からざるに見て、現在数は 1,400 人以上に上るものと観られる。」
936 ＋ 124 ＝ 1,060 人。ということは、340 人程度が無届けになる。全体の 24％だ。

表 1　「凌源地方事情」1934 年（康徳元年）11 月 26 日

	戸数	男	女	合計
内地人	271	421	391	812
朝鮮人	37	72	61	133
計	308	493	452	945
職業別人口表				
職業別	戸数	男	女	合計
官公吏	45	50	36	86
軍属	21	34	21	55
旅館業	7	14	25	39
料理業	12	24	96	120
飲食店業	14	17	53	70
食料雑貨業	10	26	16	42
其の他	199	228	205	533
合計	308	493	452	945

表 2　「出張員報告」1935 年 2 月（民会事務所調査）

また、「運転手」が一九戸、一〇五名もいたというのも納得がゆかない。二つの統計資料とも、「其の他」の項目の細目が記されていない。こういったことから、具体的な統計数字が掲げられている割には、これらの統計から、凌源県城に在留していた日本人の様子は浮かんでこない。

これとは別に、前掲、『地方情形調査報告書　凌源県城』に、日本側の商店が掲載されている。この資料はおもしろい。いろいろな想像がわく。

「日系　運輸業一戸、自動車修理業一戸、食料品商三戸、旅館商六戸、料理四戸、咖啡館三戸、雑貨商一戸、印刷所一戸、請負業二戸、靴鞋商一戸、魚化石販売商二戸、医院一戸、鮮魚商三戸、呉服店一戸、洋服店一戸、古物商二戸 湯屋一戸 計三四戸」（前掲、『地方情形調査報告書　凌源県城』、一九三五年一二月末、九頁）

中国在留の日本人商人の統計を利用しようとする場合、注意せねばならないことがある。すなわち、彼らは往々にして表向きにいっている商売はほとんど名前だけであって、実際には禁制品のモルヒネなどを中国人に密売して生計を立てていたからである。しかし、この場合はその可能性はなかった。なぜなら、熱河省は阿片の一大生産地であって、阿片がほとんど唯一の産業であった。したがって、阿片は身近にごろごろしていた。なにも、日本人からモルヒネを買う必要はなかった。ここでは、モルヒネ密売人が存在する余地がなかったのである。

旅館商六戸というのは、前掲、「出張員報告」（一九三五年八月）の報告内容と符合する。宿泊客が激減したので、本当は早く凌源から逃げ出したいが、しかし、不動産に多額の投資をしてしまったために、出て行くに出てゆけないと、進退窮まり立ち往生している六軒の旅館業者である。

魚化石販売商二戸とは恐れ入る。このあたりは珍しい化石がいっぱい取れるところである。魚の化石といっているが、それ以外、たとえば、有名なものでは羽毛のある小型恐竜の化石なども近年、このあたりの地層から出土している。すでに一九三五年の段階で、こういった化石を商売のネタにする人がいたことがわかって、興味深い。当時でも、化石の販売が商売として成り立っていたのであろうか。

また、鮮魚商三戸もすごい。こんな山の中に、魚屋が三軒も営業していた。鮮魚商という以上、彼らが扱う魚は、日本人が好む海の魚である。渤海湾で取れた魚を扱っていたはずである。それも、干物や塩を大量にふった塩魚ではおいしくない。やはり、鮮魚商と名のる以上は、生の新鮮な魚でなければならない。しかし、凌源県城は海（渤海湾）から相当離れている。海浜の町では決してなく、むしろ山中の町である。この時期、冷凍技術はまだ遅れていた。そういった状況で、どのようにして、凌源まで新鮮な魚介類を持ち込んできたのであろうか。よく魚屋が営業できたものだと、不思議でしかたがない。

咖啡館三戸もまたすごい。この時期、中国人にはコーヒーを飲む習慣はなかった。だから、客はほぼ日本人に限られる。いわゆる日本式の喫茶店である。こんなものが、戦塵たなびく熱河の田舎町に三軒もあったというのである。最大でも一五〇〇名しかいなかった日本人社会を相手にして、三軒ものコーヒー店が果たしてやってゆけたのか。甚だこころもとない感じを受ける。

湯屋一戸もおもしろい。中国式の銭湯ではない。日本人を客とする銭湯である。印刷所一戸も、こんな僻遠の地ではおよそ商売にはなりそうもない感じである。

5　兵士たちの福利厚生

凌源県城に、この時期、なぜ、日本人が経営する鮮魚商や珈琲館があったのであろうか。次にこの問題を検討する。

日本軍は伝統的に一人一人の兵士を大事にしなかった。そのことはさまざまな領域でいえたが、兵士の福利厚生についても、それがあてはまった。まだ内地の兵営にいる時でも、兵士の福利厚生面はなおざりにされた。まして戦地に出動すれば、その状況は一層ひどくなった。他国の軍隊の場合、兵士の福利厚生はもっと重視された。その意味で、日本軍は特別であった。

しかし、一人一人の兵士も人間であり、召集される以前は市井にあって、いわゆる市民生活を送っていた。長期間、前線に送られるだけで、兵士は十分、ダメージを受けた。それに、さらに劣悪な福利厚生が彼らを一層痛めつけた。

こういった状況に対処するため、往々にして民間人の商人が戦場近くまで出かけた。彼らは、兵士を相手に商売することで、兵士の福利厚生を多少とも向上させるのに貢献した。戦地に商人が出かけ、兵士を相手に商売することは、すでに日露戦争の時に明瞭に見られた(6)。その伝統が、熱河作戦後の熱河省でも続いていたと私は理解する。

商人はいつも必ず戦場近くにやってくるわけではなかった。彼らが集ってくるには一定の条件が必要であった。すなわち、まだ戦闘が続いている間は論外であった。また、軍の駐屯期間があまりに短くてもいけなかった。軍がある程度、長期に駐留する場合、いつのまにか、駐留部隊の近くに一群の日本人商人が店を開くようになる。彼らは、日本軍の駐屯地に隣接した場所に一箇所に固まって住んでいたと推察される。中国人と雑居していたとは考えられない。

軍隊と売春はもともと密接な関係がある。だから、まず、兵士を相手とする売春婦と業者が多く集まってくる。売春がたしかに兵士の福利厚生の中核であり、また、頂点に位置していた。

前掲、『地方情形調査報告書　凌源県城』(九頁)の日本人商店のリストの中に、「料理四戸」とある。往時、中国東北地方に出かけた日本人は、多くの町で売春施設を作った。そこでは飲食もできたが、他方では明らかに売春の場でもあった。そういった店には多く「御料理」という看板がかかっていた。それで、「御料理」は、中国側から売春施設を意味する用語だと誤解されてしまう。

この場合の「料理」も、売春施設と飲食を兼ねた店の可能性が高い。単なる料理店と見ることは妥当ではあるまい。売春婦が常に店にいる場合もあれば、外から通いでやってくる場合もあった。表1、および表2からわかるように、料理屋と飲食店は、戸数（世帯数）に比して、女性の数がずっと多い。——表1では、料理屋一一戸、女性一二八名。飲食店一八戸、女性八九名。表2では、料理業一二戸、女性九六名。飲食店業一四戸、女性五三名である。兵隊を相手にする売春婦を、表向き、料理屋や飲食店の従業員としてカウントしているからである。

たとえば兵隊が売春をして、代金を支払う。その金は業者と売春婦のものになる。売春婦は営業上、美しく装う必要がある。たとえば、凌源がもっと大きな町ならば、彼女たちの髪を専門に扱う「髪結いさん」もいたはずである。彼女たちは衣服（和装・洋装）を買って着飾る。凌源の町が僻遠の地であるから、遠くまで買いに行くことはできない。やむなく、凌源に店を出している商人の所から購入する。

彼女たちの需要を当て込んで、こんな辺鄙な、かつ、日本人が少ししかいない所でも、呉服店、洋服店、靴鞋店（はきものや）といった商売が成り立った。要するに、こういった店の直接の顧客は日本人の売春婦であった。そして、彼女たちの購買力をバックから支えていたのは、凌源に駐屯している日本の軍隊であった。

また、前述の日本人商店のリストの中に「医院一戸」がある。売春婦たちは一週間に一回程度の割合で、性病検査を受けることが義務づけられていた。これを検黴（ケンバイ）といった。検査の結果、運悪く性病にかかっていることが判明した売春婦は、稼業を休ませ、施設に収容して治療した。その施設を婦人病院といった。したがって、婦人病院は検黴というシステムにとって必須の施設であった。そういう観点から眺めると、医院一戸という表現は気になる。実質的には婦人病院のことではないかという気がしてならない。

その場合、検黴＝性病検査が医者の主な仕事になる。主に検黴を仕事にしている医者も、正規の医者とは考えにくい。むしろ、限りなくニセ医者ではないかという印象を受ける。たとえば軍隊で衛生兵になり、促成の研修を受ける。その時の経験を土台にして、あとは見よう見まねで、医者の仕事をそれなりにこなしている衛生兵上がりのニセ医者の姿を、私はついつい思い浮かべてしまう。正規の資格を持った医者が、どうして、こんな僻遠の、しかもまだ戦塵が完全に収まったとはいえない、熱河省の奥地にやってこよう(7)。

一方、兵士が求めるものはセックスばかりではなかった。セックスさえできれば、あとのことはどうでもよいというほど単純ではなかった。兵士が潜在的に求める福利厚生はもっと多様であった。日本人商人は、そういった兵士たちのさまざまな要望に応えてゆく。

たとえば、前述のリストに「鮮魚商三戸」とあった。日本軍隊が長期にわたって凌源県城に駐屯する。兵営の食事は単調でまずかった。彼らは時にうまいものを食べて元気をつけたいと望んだ。比較的多額の給料を得ている将校は、その気持ちがよけいに強かったであろう。彼らにはそれだけの金銭的な余裕もあった。きれいで、広々としたタタミの部屋でくつろぎ、おいしい料理をゆっくり食べたいと希望する。

彼らは料理店で時に伝統的な日本料理を食べる。その時の原料である鮮魚を提供するのが、こういった鮮魚商であった。だから、鮮魚商の主要な顧客は、やはり日本軍隊の将兵であった。民間人の商人ではなかった。

コーヒー店や湯屋の主要な顧客も民間の商人ではなく、駐留している日本軍の将兵であった。日本人将兵は、外出の際、これらのコーヒー店に入り、日本内地で味わったものに似た苦いコーヒーを呑む。つかの間、兵営ではない、シャバの気分を味わうことができた。また、湯屋も日本式の銭湯であった。兵営にある風呂は狭くて汚かった。それに対して、民間が経営する銭湯＝湯屋の湯船は広く清潔で、気持ちがよかった。兵士はこの風呂に入って、それこそ命の洗濯をすることができた。

印刷所一戸も、軍隊の仕事を回してもらっていると推察される。もちろん、機密の文書類を民間業者に印刷させるわけにはゆかない。そうではなく、公にしてもかまわない文書の場合、この印刷所に出して印刷させたのであろう。民間だけでは、それほど印刷の仕事があったとは思われないからである。

戦地に投じられた兵士は、他国の軍隊の兵士に比べ、一層、劣悪な環境に苦しまねばならなかった。日本軍隊の兵士に対する福利厚生の弱さが、結果的に民間人の商人を多数、駐留部隊の近くに引き寄せることになった。

福利厚生面の改善を軍に求めても、むだであった。やむなく、兵士たちはその不足分を、戦地にやってきた日本人商人に求めた。兵士たちは、内地で市民生活を送っていた時に似た状況を、たとえ、つかの間であっても再現したいと切実に望んだ。たとえば、時にはうまい飯を食いたい。セックスもしたい。広くて清潔な湯船につかり、ゆっくり入浴したい。きれいで、広々としたタタミの部屋でゆっくり休息したいなどである。

こういった兵士の要求に、軍では応えられなかった。軍が応えられない部分を、民間の商人たちが提供した。――料理店は売春と飲食の双方を提供した。その料理店で出される御馳走の材料を、鮮魚屋が提供した。コーヒー店や湯屋＝日本式の銭湯は、それぞれ内地にいた時の雰囲気をかもし出してくれた。

商人たちは戦争をいわば商売のタネにする。戦地であるから、たしかに多少危険であった。しかし、軍の事実上の庇護もあって、相当に儲かった。戦地では荒稼ぎが可能であった。軍費の一部は、占領地にやってきた商人に落ちた。軍費で彼らは潤った。これがなければ、どうして危険で、味気ない僻遠の地にわざわざやってこよう。それだけの実入りがあったからこそ、やってきたのである。

こうした事情から、直接の戦闘が終わり、比較的長い駐屯生活に移った段階で、一群の商人たちが、どこからともなく集まってくる。軍は彼らを追い出したりしない。内心、彼らの到来を歓迎し、彼らに対して種々の便宜を供与した。特に売春婦をつれてきた業者に対しては、その対応は顕著であった。

他国の軍隊の場合、軍自体が兵士に提供する福利厚生面の数々の措置を、日本軍の場合、民間人の商人の手によって行なわせた。この結果、長期に駐屯する軍隊にとって、彼らは必須の補完物となった。

こうして、軍と、戦地にやってきた民間の商人とは互いに利用しあう関係になる。しかし、両者の間に矛盾もあった。すなわち、軍は、商人を明確に自己の管轄下に置かなかったからである。商人たちは戦地に勝手にやって来て、商売をしているというのが建前であった。だから、商人側の職種や人数を、軍は指定しなかった。商人を選別することはせず、「来るものは拒まず」で、勝手に来させた。

すると、軍が潜在的に求める民間の商人の職種・人数と、実際にやってきた商人の職種・人数とが必ずしも合致しなかった。戦況はいつも変動していて、固定していない。駐留部隊の兵員数も始終、変動していた。これは、やむを得ないことであった。

軍隊の兵員数に比して、やってきた民間の商人が少ない場合、商人側は大きな利益をあげることができた。逆に兵員数に比して、民間の商人が多すぎた場合、個々の商人たちの利益は小さくなった。後者の場合、商人側は自らの判断で、その地から引き揚げ、もっと儲かりそうな別の場所に主体的に移動していった。

6　まとめ——いわゆる従軍慰安婦問題への見通し

比較的長期に日本軍が占領地に駐屯している場合、そこに一群の日本人商人がやってくる。彼らは軍から正式に依頼されたのではない。勝手にやってくる。駐留部隊を相手に商売をするのが彼らの目的である。軍の駐屯地は戦地、あるいはそれに準じた地域であるから、民間人が勝手に入ってこれない。民間人の商人がそこに入ってこられたということは、軍から正規に許可されたか、あるいは黙認されたからである。

日本軍は伝統的に兵士一人一人の福利厚生を大事にしなかった。軍はこの方面をなおざりにした。結局、戦地にやってきた民間の商人が、軍に替わって、それを担当するようになる。彼らは、売春を頂点とするさまざまなサービスを兵士たちに提供する。長期の駐留で、心身を消耗させている兵士たちは喜んで、商人たちが提供するさまざまなサービスを享受した。軍の側は、表向きは商人の活動に関与しなかったが、実際にはさまざまな便宜を供与した。

こうして、駐留部隊と在留日本人商人との間に、相互に利用しあう関係が成り立つ。こういった両者の「共生」関係は、すでに日露戦争の時から見受けられた。外国に遠征した場合、駐屯地に当該国の商人が集ってくる現象は、他国の軍隊にはなかった。日本の軍隊の持つ特殊性であった。それは伝統的に兵士一人一人を大事にせず、彼らの福利厚生をなおざりにした日本軍の軍事思想に原因が求められる。

本章では、満州中央銀行の「出張員報告」を主な史料として、一九三五年前後の、満州国熱河省凌源県城の場合を紹介した。こういった駐留部隊と在留日本人商人との「共生」関係は、その後の日中戦争においても当然、続いた。日中戦争は、規模が大きく、時間も長かったから、両者の「共生」関係も、もっと大規模なものであったと推察される。

いわゆる従軍慰安婦問題を考察する時、本章で述べた駐留部隊と在留日本人商人との「共生」関係の存在が前提になると私は考える。残念ながら、これまで、こういった観点からの検討が欠如していた。

＊新史料の発見と誤読

数年前、朝日新聞大阪本社の企画で、仲間数人と中国吉林省長春市にある吉林省档《とう》案館所蔵資料を調査した。同档案館には、膨大な量の満州中央銀行資料がきちんと整理されて、所蔵されていた。満州中央銀行資料の中では「出張員報告」をおもに読んでいった。

私はかねてから満州国の阿片政策に関心がある。たまたま熱河省凌源県支店の「出張員報告」がかなりまとまって出てきた。凌源県は阿片の特産地ではないが、それでも熱河省の物産という と阿片ぐらいしかないのが実情なので、おもしろい史料が出てこないかと興味津津で資料を読み進めていた。

満州中央銀行資料には、往々にして別の史料が紛れ込んでいた。この時も、中国語で書かれた満州中央銀行凌源支行『地方情形調査報告書　凌源県城』（一九三五年一一月三一日。著者不明）という、わずか一一頁の短い報告書が出てきたので、それに目を通していった。

すると、凌源県城に在留する日本人商人の職業別の統計が出てきた。これを見て、私はびっくりしてしまった。そこに「咖啡館三戸」、「魚化石販売商二戸」、「鮮魚商三戸」「湯屋一戸」などという文字が記されていたからである。

私は、一緒に作業している閲覧室で（閲覧室には私たちのグループしかいなかった。）、「なんで、凌源県のような山の中の小さな町に、コーヒー店が三軒あるのだ。魚屋さんが三軒あるのだ。日本式の銭湯があるのだ。また、魚の化石をすでに商売のネタにしている人がいる！」とかなり大きな声で仲間に向かって叫んだことをよく覚えている。仲間も寄ってきて、私の指し示す史料の箇所を見て、「不思議だねえ。」「どうしてだろうねえ。」と口々に感想を述べて、一緒におもしろがってくれた。

この段階では、在留日本人商人の職業別統計のことを、私はほとんど知らなかったので、この史料が極めて珍しいものであるという強い印象を受けた。そこで、機会があれば、この史料を用いて、論文を書いて見たいものだという思いを持った。その後、この時の驚きをもとに、大学の紀要に論文を掲載することができた。それが本章に収録した論文である。

ところが、本論文を刊行したあと重大なまちがいに気がついた。それは、私が初めに史料を見つけた時、最も衝撃を受けた「咖啡館三戸」である。中国語で記された咖啡館を、私は不用意にも「コーヒー店」、あるいは「日本式の喫茶店」と翻訳してしまった。しかし、その後、この翻訳はまちがっていたことがわかった。ここに訂正する。

凌源県城で、この時、日本人商人が経営していたのは、「コーヒー店」・「日本式の喫茶店」ではなく、カフェーであった。第一章で説明したように、カフェーには実はコーヒー店と売春の場という二つの意味があった。明治末年にいたって、女給という新しいタイプの私娼が出てくる。彼女たちはカフェーを売春の場としていた。一九三五年の熱河省凌源県城にあったカフェーは、あきらかに女給という名の私娼がいる売春の場であった。このことは、第一章で紹介した『開封商工案内』にカフェーが多く出てくるので、理解していただけよう。だから、この時、凌源県城で、日本人商人によって三軒のカフェーが営まれていたのである。

中国語で書かれた、この短い報告書は、満州中央銀行凌源支店の中国人行員が執筆したものである可能性が高い（執筆者は不明）。「カフェー三軒」の内容が、いわゆる「コーヒー店」ではなく、売春の場であることを、彼は承知していたであろう。したがって、より正確に記すならば、カフェーを（中国語で）「酒館」などとすべきであった。「酒館」としたほうが、実態により合っていた。しかし、中国人行員の立場からすれば、これを「酒館」と記すことは困難であった。売春の場であることを暗示する「酒館」と記すことは、日本側の体面を損なうことになったからである。そこで、彼は、このカフェーを中国語で記す時、さしさわりなく、いわば直訳して「咖啡店三戸」としたのである。こうすれば、カフェーが本来、持つ二つの意味〈1　コーヒー店、2　売春の場〉が、咖啡店という表現の中にそのまま含まれたからである。要するに、カフェーが持つ二つの意味のうち、どちらとも取れるように表記することで、ごまかしたというわけである。

こういった事情がわからなかったため、当初、私はてっきり「コーヒー店」だと思いこんでしまった。どうして、こんな山の中の小さな町にコーヒー店が三軒もあるのだろうと、不思議に思ってしまったのである。私の失敗であった。

この「コーヒー店三軒」の箇所は、紀要論文を執筆した時もまだ、相当に強い印象を与えていたようで、けっこう多くの分量を費やして、述べている。そこで、紀要論文で書いた部分を書き直すことはやめ、そのまま提示することにした。ただ、現在ではまちがいだと判明しているので、「コーヒー店三軒」の説明の部分には傍線を引いて示した。当初、筆者はこのように誤読したのだということがよくわかるであろう。このような措置で、寛恕願いたい。

以上、述べてきたように、熱河省凌源県城のような山の中の小さな町に、どうしてコーヒー店（実は史料の読みまちがいであったが。）や魚屋さんがあるのだろうという素朴な疑問から、まず紀要論文を書いた。それに引き続き、日中戦争の時、中国戦線では果してどうなっていたかという疑問から、続きの論文を執筆した。それが第一章に収録した論文である。

こうした作業を経て、結果として、私は一五年ぶりに従軍慰安婦問題に立ち戻ることができた。まさか、こういう経緯で、従軍慰安婦問題を再び論じるようになるとは思いもしなかったので、自分でもおおいに驚いている。そのきっかけを与えてくれた、「コーヒー店」や魚屋さんが掲載されていた凌源県城の職業別統計の史料に、私は感謝している。

第三章　近代日本の公娼制度

1　公娼制度研究の遅れ

明治時代以降、売春関係の女性は法律上、芸妓、娼妓、酌婦の三つに分類されたが、そのなかの娼妓が、いわゆる公娼制度の下で売春をおこなうもの（公娼）であった。その公娼制度について、これまで「国家が売春を公に認めて監視する」売春のしくみと説明されてきた。[1] しかし、これは「公」の字にとらわれすぎた安易な理解である。例えば、私娼である酌婦に対しても、公権力はやはり課税している。課税するということは、酌婦の稼業も公権力が認知していることになる。私娼たる酌婦まで、実態上「公認されている」以上、公権力によって公認された売春のしくみというだけでは、公娼制度の説明としては不十分である。私は、むしろ、公娼制度を、日本の封建社会のありかたに規定された、日本社会に固有の売春のしくみととらえる。日本の封建社会のありかたが独特なものである以上、それに規定された公娼制度もやはり日本独特のものであった。

また、公娼制度は、英語でLicensed Prostitution Systemと表記される。このことから、公娼制度なるものが、世界的規模で、ほぼ普遍的に存在していたかのような印象を受ける。しかし、それは誤りである。例えば、朝鮮、中国、東南アジアには存在しない。ヨーロッパまで行くと、ある時期、公娼制度が存在した。しかし、これは名称だけが同じであって、実態は違っており、別物であった。次に紹介する見解が参考になる。すなわち、

「わが国の公娼制度は世界に類のないものです。国家として、売淫行為を適法とし、これを公認し、課税をかけてやってゐる処は世界に比類がありません。勿論私娼は世界至るところにあります。ヨーロッパでは、この種の私娼を公婦と称してゐますが、これは売淫業を許可されてゐるのではなくて、衛生上、風紀上、監視を要する者として取扱ひをうけるために登録されたる売笑婦のことを云ふのであって、日本の公娼とは全然、意味がちがふのであります。(登録娼妓の外に、密娼があります)(2)」。

ヨーロッパの場合、公娼といっても、性病の予防のために彼女たちに検黴《ケンバイ》を実施する必要から、公権力への登録を義務づけられていたのであって、一方で廃業の自由はきちんと保障されていた。登録することによって、たしかに彼女たちは公権力から公認されたが、しかし、その境遇は、日本の娼妓とは全然、違っており、むしろ、日本の私娼に近いものであった。要するに、ヨーロッパの公娼は、日本流にいえば、「登録済みの私娼」にすぎなかった。なお、上掲の史料は、未登録の売春婦を「密娼」と規定している。しかし、この場合の「密娼」は、ただ単に「未登録の私娼」ということである。私娼のなかに、「登録済みと未登録」の二つのタイプが存在したのである。

明治なかごろから、公娼制度の廃止を求める廃娼運動がおこる。それは一九五六年の売春防止法の制定までの、約七〇年続いた。後述するように運動を主に担ったのはプロテスタントのクリスチャンであった。彼らはそれこそ命をかけて、気の毒な境遇に置かれていた娼妓を救済していった。彼らの献身はいくら高く評価しても評価しすぎることはない。

しかし、彼らは重大な弱点を持っていた。すなわち、彼らは目の前で苦しんでいる人々を救ってやりたいという気持ちが強く、そのため、エネルギーをそこに使いはたしてしまった。彼らには、さらに進んで社会科学的に現実の社会を分析し、そこから、矛盾の解決方法を求めるという発想に乏しかったし、また、実際、そういう方面の能力にも欠けていた。

当時、公婚制度に対し、社会科学的な分析をきちんとやれるだけの能力をもっていたのは、左翼の社会主義者であった。しかし、彼らの力量は、まだ小さかった。だから、主戦場である労働運動や小作問題を闘うのがせい一杯であって、副次的な戦場である売春の面まで手をまわす余裕はなかった。また、革命にさえ成功すれば、婦人・売春などの問題は、いわば自動的に解決できるとも考えていたから、この方面はなおざりにされた。

さらに左翼の一部には、次の史料が示しているように、廃娼運動のようなブルジョア民主主義運動は反革命の役割しか果たさないとして、全面否定するものさえ存在した。

「廃娼運動とは、現社会の支配性を宗教的欺瞞によって、灰色にゴマ化し去らんとする最もインケンにして、且つ、コウカツなブルジョアジーの使徒が、その本質にもとづくところの阿片性によって、たまたま人身売買の奴隷制度を一般のセンチメンタルな道徳的感激に訴へて、これを解放し、社会を『矯風』すると称す一個の空想的運動である。

これは女性の奴隷化を解放するを目的とすると云ふ見地からは、甚だ一般的な正義的な感情を呼び起すものであるが、一面に於て、それは道学的亜流の方法を以て、社会的欠陥を廃棄しやうとするところの、明らかにブルジョア的反動の役割を持つものである」[3]

彼女の主張は、今日の時点から見れば典型的な左翼小児病である。しかし、当時の左翼の間には、こういった「勇ましい」唯我独尊的な主張が受け入れられやすい雰囲気があった。彼女の主張は突出したものではなく、当時の左翼全体を覆っていた風潮の、ほぼ忠実な反映であった。こういった状況で、左翼がこの方面に関心を示しえるはずがなかった。

戦後になっても、一つの惰性でこうした方面には関心が向かわなかった。売春に関する研究は、キワモノ的なものと意識され、軽視されている。以上のような歴史的ないきさつから、今日に至るも、公娼制度に関する研究は大幅に遅れている。

2　近代公娼制度

本来の公娼制度は室町時代、あるいは豊臣秀吉の時代に発生し、江戸時代に完成する。女郎屋は人身売買で女性を買う。金で買った女性は、女郎屋にとって、いわば「金のなる木」になる。しかし、この「金のなる木」は、足があるから、逃亡できる。そこで、女性の逃亡の防止が問題になる。結局、水濠や塀で囲んだ廓（くるわ）を作り、そのなかに女性たちを監禁することになる。性行為の利便を考慮し、女性の身体を直接的に縛るのをやめる代わりに、女性たちを廓のなかにとじこめた。女性たちは外出の自由が奪われ、「かごの鳥」の境遇に陥った。こうして、日本の公娼制度では、廓がキー・ワードになる。

ところが、水濠や塀といった障壁も、女性の逃亡防止に対して、完全ではなかったので、それを補うために、私的な暴力装置（ヤクザ）も用意した。ヤクザは、女郎屋に頼まれ、廓の女性の逃亡を監視した。それでも、ときに女性たちは逃亡を企てた。逃亡が失敗すると、女郎屋側は、逃亡を企てた女性に、みせしめのため、凄惨なリンチを加えた。ヤクザに、さらに公権力が加わった。警察も女性の逃亡防止に協力した。法律で、女性の廓への監禁を合法と認め、そこからの逃亡は犯罪となった。逃亡した女性を探すために警察が使われ、捕まれば処罰されたうえ（拘禁と罰金）、もとの女郎屋に引き渡された。女性が廓から逃亡したとして、社会に害悪など与えるわけがない。女郎屋の財産が守られただけである。

一八七二（明治五）年のマリア・ルース号事件が、近代日本の売春の歴史のなかで、大きな節目となる。横浜港についたマリア・ルース号というペルー船から一人の中国人が脱出し、救いを求める。彼の訴えによれば、同船には多数の中国人が乗せられていた。彼らは本来、賃金労働の契約で中国南部から乗船し、南アメリカ方面へ向かうところであった。ところが、事実上は奴隷扱いで、船中の虐待も甚だしいと訴えた。訴えを受けて、この事件はやがて裁判になる。裁判をおこなった日本側は、奴隷貿易を不可とし、中国人全員を解放し、故国へ帰らせた（日本にとって、最初の国際裁判でもあった！）。

問題はその裁判の途中で起こった。ペルー船の船長側は、「奴隷貿易が無効というなら、日本においても、もっと酷い奴隷契約がある。それは遊女の約定である」といって、遊女の身売り証文を示した。この船長側の反撃に、初め、日本政府は周章狼狽してしまうが、しかし、できたばかりで、まだ清新の気がみなぎる明治政府は、これにすばやく対応し、同年一〇月には、もう、娼妓解放令を公布し、彼らの批判に応えた。

マリア・ルース号事件をきっかけにした娼妓解放令は、外交上のハプニングから唐突に発布されたものであった。このこともあって、娼妓解放令が公布されても、その効果はなく、まもなく、以前と変わらない状況に戻ってしまう。しかし、全く同じということはなく、多少の変化はあった。そこで、私は、娼妓解放令以降を近代公娼制度と名づける。

近代公娼制度は、売春防止法（公布は一九五六年）で、最終的に廃止されるまで、さまざまな変化を伴いつつも、九〇年近く存続する。しかし、近代公娼制度が、その間、何の変化もなく、続いたわけではなく、その性格は、後述するように、一九〇〇年の内務省令によって、やや変わる。そこで、私は、このときの前後で、二つの段階に分ける。

まず、前半の段階（一八七二～一九〇〇年）である。娼妓解放令以降、タテマエでは、娼妓は独立して稼業として売春を営むものとされた。また、女郎屋の名前は法律上、なくなり、貸座敷《かしざしき》業者に変わった。その意味は、業者は娼妓と人身的な隷属関係はなくなり、単に売春の場所である「座敷」を女性に「貸す」だけの存在に過ぎないということであった。しかし、これはタテマエだけに過ぎず、実態は以前とほとんど変わりはなかった。

また、このとき、売春の問題は、原則として府県単位で、それぞれ、別個に扱われた。だから、売春に関係する法体系や、直接、管理に当たる警察の対応も、おおすじでは同じであっても、細かい点では、府県によって微妙に違っていた。こうしたことから、なかには、群馬県の場合のように、県内では遊廓を廃止し、いち早く、いわゆる廃娼県となることも可能であった。このように、公娼制度の表面的な所では、明治以降、かなりな変化があった。しかし、公娼制度の根幹に触れる部分は江戸時代とほとんど変わりはなかった。

それは、娼妓の廃業の自由の問題であった。一方で、たしかに一九〇〇年以前の法律でも、廃業の自由自体は認めていた。しかし、同時に、それを事実上、困難にする規定も合わせて設けていたので、実際には娼妓の自由廃業は不可能であった。当時の法律は、廃業したい娼妓は警察署に廃業届の書類を提出せねばならなかったが、その書類には彼女の抱え主の貸座敷業者の連署捺印を求めていた。貸座敷業者側が、自分たちの利益に反して、娼妓の自発的な廃業を認めるはずがなかった。こういった手続きを法律が求めている以上、娼妓には事実上、廃業の自由はなかった。これが近代公娼制度の前半の状況であった。

このような状況は、次章で述べるように、一九〇〇年に公布された内務省令によって改められる。そこで、これ以降の時期を、近代公娼制度の後半の段階と規定する。後半の段階（一九〇〇～一九五八年）に入ると、法律上、娼妓は廃業の自由を獲得する。そういった女性を、なお、人身的に貸座敷業者のもとに緊縛しておくために、「前借金《ぜんしゃくきん》」というものが働く。逆にいえば、それ以外では女性を縛れなくなる。要するに、前借金がこの段階のキー・ワードとなる。そこで、次にこの前借金のことを取り上げる。

前借金のしくみは、あらかじめ借金をし、その借金を働いて返却するというものである。前借金というかたちで、事実上、人身を拘束するやりかたは、当時、売春の領域だけでなく、女工や、タコ部屋で土方人足を縛るのにも使われた。前借金のしくみは、たしかに金銭の貸借関係にすぎず、表面的には人格上の隷属関係は現われてこなかった。しかし、実体的には前借金によって雇う側と雇われる側の間には、封建的な隷属関係が貫徹していた。したがって、前借金の形式自体が人身を拘束する封建的な性格を持っていた。(4)

売春の場合、親が娘を手ばなすとき、事実上の身代金として、金を得る。これが前借金である。娘は売春で稼いで、この借金を返済することになる。女性と業者の取り分の分配は大体、四分六。すなわち、遊客の払う金の四割が女性のものになるのであるから、それを貯めれば、比較的簡単に前借金は返済できそうである。しかし、実際には、そこにいろいろカラクリがあって、前借金は容易なことでは減らず、むしろ、増える場合がけっこう多かった。

まず、前借金に高い利子がついた。これが、前借金が減らない最大の理由であった。売春行為の必需品に化粧品や着物がある。自由に外出できれば、女性の側はやすい品を買ってこれる。しかし、外出の自由がないので、出入りの業者から、市価に比べ、はるかに高価だとわかっていても、それを買わざるをえなかった。また、検黴《ケンバイ》の結果、性病にかかっていると診断されると強制的に婦人病院に入院させられた。その間、収入がなくなるので、女性の側は入院を嫌がった。ときには、部屋代や布団代を取られる場合さえあった。好きで廓のなかに住んでいるわけではないのに、その代金まで徴収されたのではたまったものではない。ひどい話である。さらに、楼主側は往々にして帳簿をごまかした。これでは、女性たちが、いくら一生懸命に働いても、前借金が

近代公娼制度	公権力による公認	(1) 公権力による公認
	複合領域	(2) 検黴（強制的な性病検査） (3) 廓にとじこめられる
	封建的要素	(4) 前借金でしばられる (5) 廃業の自由がない (6) 楼主に人身的に隷属する

図１　近代公娼制度の分析

減るわけがなかった。

以上の説明から、近代公娼制度は、二つの要素、すなわち、「公権力によって公認された売春」という要素と、「封建的要素が残存する売春のしくみ」という要素が組みあわされたものと、私は考える（図1参照）。

3　廃娼運動の歴史的性格

一九〇〇年、廃娼運動は大きく盛り上がる。まず、当時、名古屋で活動していたアメリカ人宣教師モルフィの裁判闘争が勝利する。この成果に、救世軍の山室軍平がめざとく注目する。救世軍は、イギリス人、ウィリアム・ブースが一八六五年に創立したプロテスタントの一派で、教団を軍隊式に組織し、社会事業を熱心におこなった。一八九五年、日本に進出した。救世軍は各種の社会事業に挺身したが、娼妓救済事業もその一つであった。

一九〇〇年八月、救世軍の一隊は吉原遊廓に「進軍」し、娼妓たちに自由廃業を宣伝して回ったが、そこで、遊廓側から袋だたきにあう。この救世軍の吉原「進軍」は、一大センセーションを巻きおこす。当時のマスコミは救世軍の英雄的な行為を筆をそろえてほめ讃えた。救世軍の動きはやがて二六新報社の活躍を誘う。

こういった騒然とした状況のなかで、同年一〇月、ついに内務省令第四四号の「娼妓取締規則」が発布される。以上のように、モルフィの法廷闘争、救世軍や二六新報社の実力行使を経て、ようやく廃娼運動側は、このとき、この内務省令をかちとる。これによって、はじめて娼妓の廃業の自由が実態上でも可能になった。このとき、近代公婚制度はその性格をやや変えるので、私は、この時期以降を後半の段階と規定する。

次に、このとき、娼妓の自由廃業を、当局側が許容した理由を検討する。明治初年、近代公娼制度が成立する過程で多少の近代化がはかられる。しかし、娼妓に廃業の自由がないという点では江戸時代と同じであった。ところが、日本の社会も次第に資本主義の要素が拡大してゆく。資本主義社会では「自由な労働力」が求められる。廃業の自由を持たない、すなわち、職業選択の自由のない娼妓の存在は、資本主義化していく日本社会と次第にズレてゆく。娼妓にも資本主義の基本原則を及ぼしてゆく必要がでてくる。その結果、近代公娼制度にやや手を加え、娼妓の自由廃業を認める方向に進んだのである。

一九〇〇年の内務省令によって、たとえ前借金が残っていても、それとは関係なしに本人が廃業したければ、自由に廃業できることが、法律上、認められた。しかし、楼主側の妨害や警察の非協力があり、娼妓だけでは実際上、廃業できなかった。このとき、救世軍が登場し、廃業したい娼妓を助けて、楼主側の妨害を身をもって防ぎ、また、警察の非協力を批判することで、よう

1896年	39,079人
1897	47,055
1898	50,553
1899	52,410
1900	——
1901	40,300
1902	38,676

表1　日本全国の娼妓の数
救世軍の機関誌『ときのこゑ』183号（1903年8月1日）による。

やく、娼妓の自由廃業を実現してやった。このようにして、自由廃業がなんとか可能になった結果、このとき、娼妓の数は一時、大幅に減る（表1参照）。

しかし、廃娼運動側はこの趨勢を持続させることができなかった。娼妓の数は、数年後にはまた、増えてゆく。というのは、前借金の契約自体は有効とされたので、娼妓が廃業しても、彼女の借金はそのまま残ったからである。若い娘やその親にとって、通常の場合、売春以外には、それだけ多額の借金を返済できなかった。やむなく、女性たちは、また前借金の返済のために娼妓の境遇に戻らざるをえなかった。こうして、前借金の壁を突破できなかったため、自由廃業の風潮もいつしか止まってしまう。結局、娼妓の廃業の自由を実質的にも保障してゆくためには、前借金の契約自体が無効であり、前借金の返済は不要という所まで行かなければならなかった。

その後、一九三〇年代初め、近代公娼制度はもう一度、動揺する。社会が次第に資本主義化してゆくに伴い遊客の好みも変化していった。奴隷同然の女性を相手にしてもおもしろくない。自由恋愛の気分が多少とも味わえる女給のほうがよい。当時の男たちの嗜好が微妙に変化していったことが、その根底にあった。(5) こういった状況から、このとき、廃娼運動に携わっていたもののなかには、近い将来における、近代公娼制度の廃止の展望を感じるものが出てくる。(6) 彼らの認識に全く根拠がなかったわけではない。公娼制度が具有している封建的な雰囲気が次第に当該社会の時代相と合わなくなっていたのである。

しかし、やがて、日本は長い戦争の時代に入ってゆく。このとき、兵隊にされた男たちは近代公娼制度の持つ雰囲気に、そんなに違和感を感じなくなる。旧軍隊の兵隊と、近代公娼制度下の娼妓とは、相性がことのほかよかった。兵営に隔離された兵士と、遊廓に監禁された娼妓とを思い浮かべれば、その根拠がおのずから理解されよう。

すなわち、普通の市民生活をおくる男たちの場合は、公娼制度下の娼妓を相手にすることに次第に違和感を抱くようになる。可能ならば、彼らはたとえほんのわずかでも、自由恋愛に似た雰囲気をもった私娼のほうを選んだ。しかし、兵隊にされ兵営に隔離された男たちにとって、もはや、そういった贅沢をいう余裕もなくなってゆく。こうして、一度、動揺したものの、戦争の時代、近代公娼制度はそのまま存続してしまう。

一九三〇年代初め、講座派と労農派が当時の日本社会の性質をめぐって論争した（日本資本主義論争）。そのなかで、講座派は、論争当時の日本社会を、すでに資本主義社会ではあるが、しかし、封建的要素が色濃く残存していると規定した。そして、封建的要素が残存している具体的なものとして、天皇制、地主＝小作人関係、家族制度、軍隊などをあげた。私は近代公娼制度もこれらのものの一つと見なす。講座派の見解を援用すれば、それは封建的要素を色濃く残す売春のしくみであった。また、売春という領域で、封建的要素の廃止を求めた廃娼運動は、ブルジョア民主主義運動ということになる。

なお、上述の講座派の見解に従えば、左翼の側は当然、さまざまな分野で闘われているブルジョア民主主義運動（廃娼運動を含め）と積極的に連帯し共闘すべきであった。ところが、前述したように、多くの場合、左翼の側はブルジョア民主主義運動を軽蔑し、それとの連帯・共闘を真剣に模索しなかった。彼らは、一方で講座派の見解を奉じながら、現実にはそれを裏切った。これこそ、当時の左翼の側に根強く存在した弱さであった。

次に、プロテスタントが廃娼運動をやれた理由を考えてみる。まず、プロテスタントという宗教自体が、カトリックに比べ、資本主義社会により適合する性格を持っていた。欧米から派遣された宣教師の助力も加わり、彼らはそれを信仰することで、より進んだ欧米の近代市民社会の雰囲気を自分のものにすることができた。

こうして、彼らプロテスタントは、自身は日本人にもかかわらず、進んだ欧米人の意識を持つことができた。そういう意識で、当時の遅れた日本の社会を眺めたとき、彼らの眼には、いろいろな矛盾が比較的容易に見えてきた。明治期のキリスト教は、農村部には容易に入ってゆけなかった。だから、農村部の問題には眼が及ばなかった。都市部に見られる矛盾のなかで、結局、近代公娼制度が、プロテスタントの注意を惹いたというわけである。

明治初年、資本主義のレベルがまだ低い時期、人々は公娼制度の矛盾をそれほど強く意識できなかった。しかし、その後、資本主義の要素が強まってゆくに伴い、公娼制度下で苦しむ娼妓に同情する人々も増えてくる。プロテスタントほど確信的ではなかったとしても、それでも、公娼制度が時代遅れの遺物と認識されてゆく。こういった社会状況の変化を背景にして、救世軍は娼妓救済事業をおこなった。このため、気の毒な娼妓を救いださんとする、人道の戦士＝救世軍の活動は、世間の人々の喝采を受けた。

廃娼運動を闘った人たちを、私は、ブルジョア民主主義運動の闘士ととらえる。彼らは、のちの社会主義者に比べれば、本質的に不徹底で、矛盾した存在であった。彼らは娼妓の哀れな境遇に心から同情し、彼女たちの救済に命をかけた。彼らの情熱と献身に偽りはなかった。しかし、その反面、あらたに大きな社会問題になってきた労働運動には、彼らは概して冷淡であった。総じて、残存する封建的要素には、あれほど敏感に反応したのに、資本主義本来の矛盾には関心が及ばなかった。

例えば、廃娼運動の有力な幹部であった久布白落実は、戦後、何回か保守党から立候補している。同じく大阪で活躍した林歌子も、戦時中、戦地に赴き、日本軍隊を慰問している。このように、彼らの限界は容易に指摘できる。しかし、この面に主要な力点を置くべきではない。こういう限界を持ちながらも、とにかく、彼女たちがいくたの迫害をものともせず、長期にわたって、廃娼運動を闘ったという面を肯定的に評価すべきである。

当時、資本家階級が国家権力を握っていたが、まだ、その一翼に封建的な要素も抱えていた。だから、売春という限定された領域ではあるが、封建的な要素の除去を求める運動は、客観的には反体制の運動ということになった。このような理解に基づき、私は、救世軍による娼妓救済の闘いの性格をブルジョア民主主義運動と見なす。救世軍の教義は、救世軍人が現実の政治に関与することを禁じている。救世軍の闘いは直接には政治に関与していない。しかし、もっと広い視野から眺めれば、売春という領域で、残存する封建的要素を除去する闘いは、客観的には十分に

「政治的」であった。救世軍の人々は、主観的にはキリスト教的人道主義に基づいて廃娼運動を闘っていると意識していたはずである。しかし、彼らの闘いは、客観的には、人道主義のレベルをある面ではつきぬけ、反体制の運動の性格を帯びていたのである。

4　売春防止法の画期的意義

戦後改革で、それまで残存していた封建的な要素がほとんど除去されてしまった結果、戦後の日本社会はより完全な資本主義社会になる。戦後改革が客観的には、ブルジョア革命の代わりをする。しかし、売春の領域は例外に属した。一九四五年、公娼制度は廃止される。しかし、アメリカ占領軍もしょせん、軍隊であった。だから、彼らも「軍隊と性」という伝統的問題から自由ではありえなかった。自分たちの将兵の性の問題を処理するために、その政策には徹底性を欠いていた。こうして、公娼制度の廃止は名目に終わり、従来の遊廓は「赤線地帯」として存続してしまう。

一九五六年の売春防止法〔一九五六年五月に公布。猶予期間が設けられていたので、実質的には一九五八年四月から適用された。〕の成立で、明治中期以来の廃娼運動が、やっと勝利し、近代公娼制度が最終的に息の根をとめられる。したがって、売春防止法の性格を正しく表現すれば、「公娼制度最終的廃止法」である。同法を、字句通り、売春一般を防止する法律と見なしてはいけない。もし、そうだとすると、今日の売春の盛況から見て、同法はザル法ということになってしまう。売春防止法の名前と実態とが一致していないこともあって、同法がザル法だという誤解は広範に広まっている。この誤解は早急に正さねばならない。

売春防止法により、それまで娼妓を縛っていた前借金の契約は無効とされ、返済の義務もなくなる。公娼がいなくなったことから、検黴もなくなった。公娼制度が廃止されてから、すでに相当の年月が経過した。長い伝統を持った遊廓も壊されてしまい、昔の面影はない。公娼制度の実態を知るものも次第に少なくなってきている。しかし、一方では、今日も売春は昔と変わらないほどに盛んである。そこで、この状況を見て、公娼制度の廃止をなにか、たいしたものではないかのように考えるとしたら、それは大きな誤りである。

公娼制度は封建的な要素を色濃く残す売春のしくみであった。それが種々の理由から、一九五八年という、つい近年まで、残存してしまう。公娼制度廃止の持つ意義は、ただ単に売春のしくみに残っていた封建的要素の最終的な除去ということに留まらず、女性の地位の向上や、さらにもっと広くいえば、国民の基本的人権や民主主義の擁護というところにまでかかわっていた。このように考えれば、売春防止法の制定が、婦人解放にとって一つの大きな勝利であり、それゆえ、同法が、日本の近現代史上で果たす大きな役割も、おのずから明らかになってこよう。

売春防止法によって、日本の売春の性格は変わった。そこで、同法以降の売春を、私は「現代の売春」と名づける。私のいう「現代の売春」のしくみのもとで、ソープランド業者と、そこで稼ぐソープランド嬢は、相互に独立しており、両者の間に人身的な隷属関係はなくなる。後者に

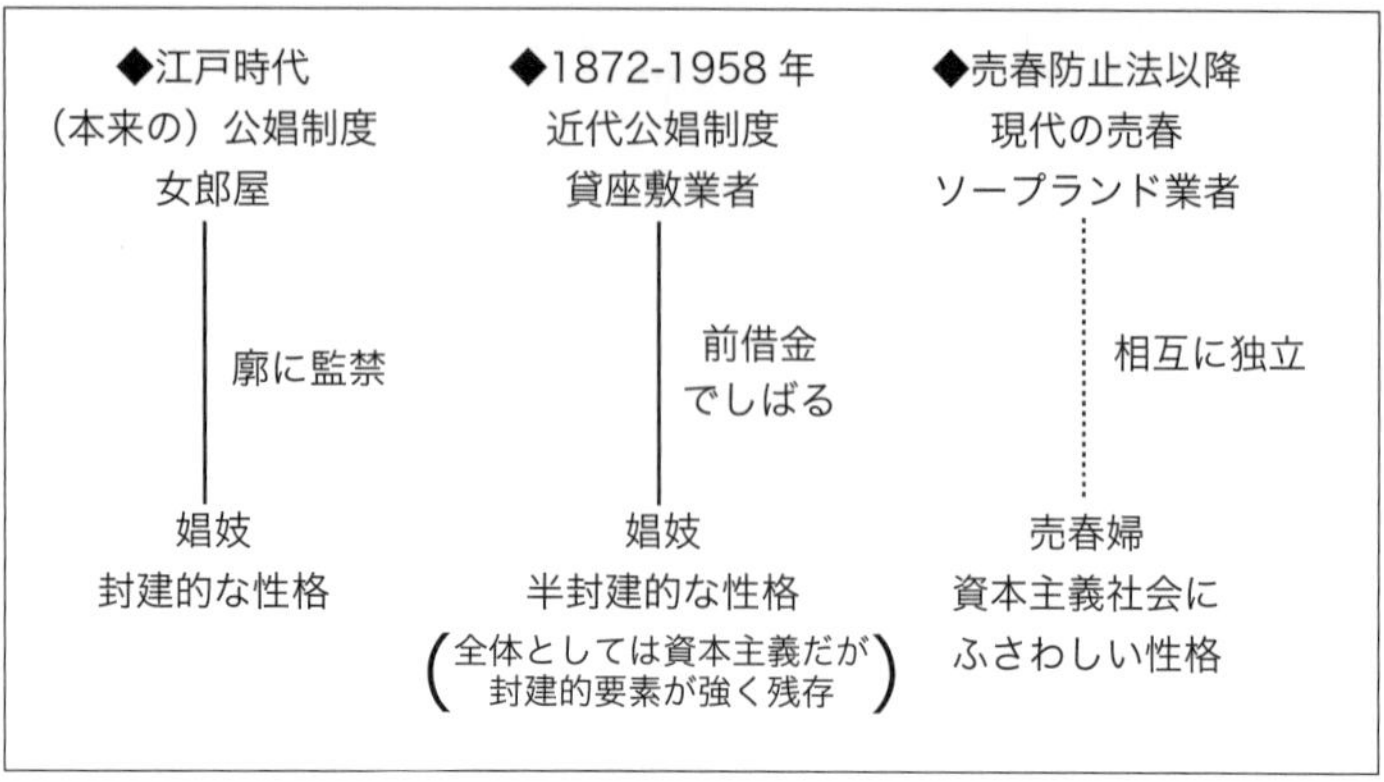

図2　売春のしくみの変遷

は、外出の自由があり、また、いつでも廃業できた。

　売春防止法以前、女性が警察に窮状を訴えても、警察の側は前借金が残っているのなら、気の毒だけれど、楼主のもとに帰れと追い返した。警察は楼主の味方であった。しかし、売春防止法以後、女性が警察に窮状を訴え出れば、警察は女性を温かく保護し、彼女に売春を強制している業者をとらえ、処罰する。警察は女性の味方になる。だから、業者や暴力団の側も、女性を縛るのは、なかなか難しい。とにかく、こういった状況で、女性たちはまことに「あっけらかん」とした雰囲気で売春に従事できることになった。昔のように湿ったジメジメとした雰囲気はなくなる。――これは女性にとって、よいこと！　売春という場に限定しても、女性の地位の向上になる。

　今日の労働者は、戦前の小作人より恵まれている。同様に、今日の売春婦（ソープランド嬢）は売春防止法以前の売春婦（娼妓）より恵まれている。――売春防止法以前の売春婦（娼妓）の悲哀は基本的には地主制下の小作人のそれに似ていた。そして、今日の売春婦（ソープランド嬢）の悲哀は資本主義下の労働者のそれに似ている（図2参照）。

ソープランドは、すでに資本主義社会により適合した売春のしくみになっている。私は「現代の売春」と近代公娼制度との違いのほうを強調する。すなわち、「現代の売春」を解決してゆくためには、以前の廃娼運動とは異なった原理と方法とが必要になる。例えば、以前、救世軍がラッパを吹き太鼓を打ち鳴らして、勇ましく遊廓に進軍してゆけば、娼妓たちは文字通り解放者が来たと心から彼らを歓迎した。しかし、現在、ソープランドに救世軍が出かけても、通常の場合、売春婦側からうるさく追い払われるだけである。

戦後の一連の改革から、一〇年以上も取り残され、一九五六年の売春防止法の制定でようやく一致していったように、売春はその社会に対して、多少の独自性を持つ。そういった独自性は、認めるが、それでも、なお、大局的に見れば、ある社会の売春のしくみは、当該社会の性格に規定される。近代公娼制度は封建的要素を残す売春のしくみであったから、日本社会の資本主義化が進めば進むほど、時代遅れになっていった。世の中が資本主義の性格になったのに、売春の領域において、なお、依然として封建色の強いしくみを存続させていたからである。だから、客観的に見れば、どっちみち、近代公娼制度は遠からず、廃絶される運命にあった。しかし、そういうような性格の近代公娼制度でさえ、ほおっておけば、自然に自分から倒れるものではなかった。事実が示すように、最終的に廃止するのに、やはり、長い歳月と多くの人々の献身的な戦いが必要であった（図3参照）。

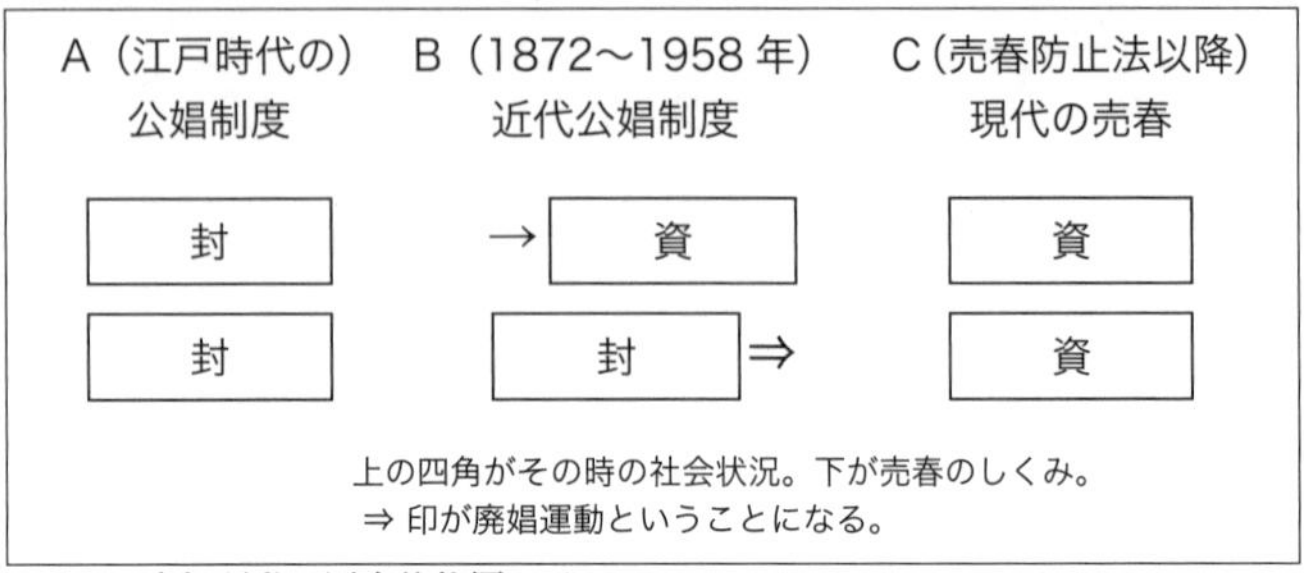

図３　廃娼運動の歴史的位置づけ

最後に、「現代の売春」の解決法を考える。「現代の売春」がすでに資本主義社会によりふさわしいものに変化しているので、それを本当の意味で解決してゆくのは至難の業である。周知のように、売春の本質は家族制度を補完するものである。家族制度は、ずっと遠い将来まで存続するであろう。ということは、売春もまた、その間、その裏側にひそみ続けることになる。したがって、数百年程度の時間で、完全に解決することは不可能である。

たしかに売春防止法で、日本の売春の性格は変わった。だから、「現代の売春」を解決する一手段として、法律の制定を求めるのはかまわない。しかし、法律の制定や警察の取り締まりは補助的手段にすぎない。売春をやらないほうがよいにきまっている。そのためには、若い娘たちに売春をやらなくてもすむような十分に高い賃金と男並みの生きがいとを保障してあげなくてはいけない。それをやらずに低賃金の状態に彼女たちを放置したままにしておいて、一方で売春をおこなった彼女たちを非難するのはまちがっている。

だから、売春廃絶の本道は女性の地位の全般的な向上である。しかし、女性の地位の全般的な向上というはやさしいが、その実現は極めて困難である。その間、娘たちが、手っとり早く高収入を得られる方法として、売春を選んだとしても、彼女たちを責められない。まして、売春をしたことで彼女たちを処罰するなどは、もってのほかである。彼女たちは、むしろ社会の犠牲者である。だから、売春婦本人を法律で処罰するという脅かしによって、売春をなくしてゆこうという主張に賛成できない。(7) 当面、売春を完全に廃絶できない。しかし、それの改善や縮小は現状でも十分、可能なのだから、それに向けて積極的に取り組むべきである。私は、近代公娼制度と「現代の売春」の違いを強調したが、しかし、それでも同じ売春を対象にしていることから、かつての廃娼運動の経験は、当然、役に立つ。その意味で、廃娼運動の研究は、今日的な重要性を持っている。(8)

第四章　満州の酌婦は内地の娼妓

1　日露戦争後の大連の売春の状況

一九世紀末以来、中国東北地方（以下、満州と記す）に多少の日本人が入っていったが、彼らの中心は売春婦、および、その関係者であった。(1) 当時、満州（およびシベリア）地域では、中国人が基本的な労働力であった。彼らは、当初、季節労務者の形をとって関内（万里の長城より南側の地域）から、この地域に「出稼ぎ」にやってきた。「出稼ぎ」者の常で、彼らの多くは家族を郷里に残し、単身で来ていたから、満州にやってきた日本人売春婦は彼らから、おおいに歓迎された。換言すれば、彼女たちは「出稼ぎ」の中国人を安定した労働力として使うためには不可欠の存在となった。このような事情から、日本人売春婦は、日露戦争以前、満州を支配していたロシア側から比較的優遇されていた。

一九〇四年、日露戦争が起こる。周知のように、戦争というものは、一方で軍需品の生産でしこたま、もうけた戦争成金を作りだす。と同時に、他方でまた、戦場近くにやってきた売春婦や女郎屋をも多少は潤すこともできた。だからこそ、ちょうど虫が蜜にむらがるように彼女たちは戦場近くにわれさきにやってきた。この現象はすでに日清戦争や北清事変の時にも多少は見られたが、次の日露戦争で事態はもっとはっきりしてくる。

満州の原野で日露両軍がまだ死闘をくり返している最中に、もう戦争景気をあてこんで、多くの日本人が南満州に乗り込んできた。その勢いは戦争が終わったあとも、しばらくは変わらなかった。戦争で日本が新しい植民地（関東州と鉄道附属地）を手にいれると、さっそく多くの日本人が内地からやってきた。当初、まだ、まともな資本家は満州に進出しようとはしなかったから、やってきた日本人のうち、軍人、役人、及び満鉄関係者の三者を除けば、あとはやはり売春関係のものが圧倒的に多かった。初期であればあるほど、それだけ、その傾向は強かった。その様子は次の通りであった。即ち、「関東州に邦人の自由渡航を許さるるや、各種営業者と共に、芸妓、酌婦等、所謂特種営業を目的とする婦女の数、甚だ多く、其の数、実に在留邦人の半数を占むるの奇現象を呈するに至り、戦後、動もすれば、一般に無秩序、不節制に流れむとする邦人生活の欠陥に乗じ、善良なる風俗を害する虞なしとせず。」（関東長官官房調査課『関東庁要覧（昭和八年）』、一九三三年、大連、一五八頁）。

一方、ロシアに代わって、南満州を支配するようになった日本の植民地当局（関東都督府）も、従来、ロシア側がとった政策（即ち、日本人売春婦を、この地域の基本的な労働力である中国人の補完物として位置づける）をそのまま踏襲した。このため、戦後、大量にやってきた日本人売春婦は、当然、同じ日本人を相手にすることはしたが、しかし、他方では、従来通り、中国人を相手にした。彼女たちは以前と同じように、満州・シベリアの各地に、驚くほど広範に進出していったが、その場合も彼女たちの主な相手はやはり中国人であった。

（単位：人）

	関東州の日本人(A)	大連の日本人(B)	大連の中国人(C)	$\frac{B}{A}\times100$	$\frac{C}{B}\times100$
1907年	37,885	16,688	14,582	44.0	87.4
1912	73,568	31,885	22,908	43.3	71.8
1916	91,045	40,485	46,570	44.5	115.0
1920	137,914	62,994	175,721	45.7	278.9

篠崎嘉郎『大連』、1921年、大連、p.45及びp.50による。なお（A）には鉄道附属地が含まれる。

表1　大連の人口統計

2　大連の二つの遊廓

このような中で、大連はやや事情が違っていた。というのは、大連は、新植民地である関東州のいわば首都であり、日本人が特別多く住んでいたからである。具体的には関東州（鉄道附属地を含む）在住の日本人のうち、四割強が大連に住んでいた（表1参照）。

もちろん、大連には日本人だけが住んでいるのではなく、中国人も多く住んでいたが、それでもこれだけ多くの日本人がまとまって住んでいる所はほかになかったから、明らかにこれは大連という町の特殊性であった。このため、大連の日本人社会は表面的には内地のそれとあまり変わらないものとなった（しかし、忘れてならないことは、それはあくまで表面的な現象に過ぎず、実際には抑圧された中国人の犠牲の上に、それが構築されていたということであろう）。

大連にやってきた女性たちは、初め、特に決められた場所がなかったので、市内のそこここで、思い思いに売春を行った。

植民地当局（関東都督府）は、大連経営に当たり、これでは困るので、遊廓を作り、そこに売春の場を制限しようとした。こうして、当時としては市街地から、やや離れた一区画を遊廓地に指定し、これを逢阪町《おうさかまち》遊廓と名付けた。ここは三方を山で囲まれた、遊廓を設置するのにふさわしい地形の所であった。

大阪の富商、田中宗一が逢阪町遊廓の建設を請け負った。彼は大阪であらかじめ木組を作っておき、それを船で大連に運びこんだ。大連ではそれを組み立てただけであった。その仕事には約一五〇人の大工が従事したという。(2)こうして、大連の町はずれに日本式の遊廓が忽然と出現した。田中組は、当初、七軒の妓楼を建てた。これが少しずつ発展し、一九〇七年一二月には大店三、中店七、小店五の合計一五軒になっていた。この時期、逢阪町遊廓の規模はまだ比較的小さく、娼妓一五三名、芸妓三七名、合計一九〇名に過ぎなかった。(3)

一方、別の史料は、ほぼ同時期の大連の売春関係の女性の数を「娼妓二百、芸妓二百、酌婦四百、合計約八百名」（『満州日報』、明治四一年一月一一日）と伝えている。従って、この段階では彼女たちの逢阪町遊廓への集中の程度は低く、むしろ市内各所にまだ私娼窟が多く残っていたことがわかる。

田中組事務所はできあがった遊廓の建物の借り手を募ったが、初めはなかなか思うようにはいかなかった。それは、直接的には家賃が高かったからであるが（初め一ケ月五〇〇円、敷金が二ケ月分）、基本的にはまだこの逢阪町遊廓が海のものとも、山のものともわからなかったからである。

植民地当局は、田中組にみすみす損をさせるわけにもいかなかったし、また、売春を遊廓の中に限定してゆく方針に変わりはなかったので、できるだけ逢阪町遊廓を盛りたてていく。具体的には、後述するように西通りなど市内各所に散在する売春の場（私娼窟）を取り締まり、かなり強引にそれを逢阪町に移転させた。また、当初、逢阪町遊廓が町はずれに位置したことから、交通の便があまりよくなかった。しかし、これもまもなく電車が敷設されたので改善された。

こうして、大連の一角に内地とあまり変わらない遊廓ができあがっていった。できあがった逢阪町遊廓の建物は、新しい植民地に、につかわしくないほど豪壮だったようで、見る者をびっくりさせずにはおかなかった。その点を次の史料は述べている。

「満韓の地を視察せし者は、京城の新町と大連の逢阪町を瞥見し、其土地不相応に遊廓の殷盛なるを怪しむと共に、其建築物の雄大なると完備せるとに一驚を吃する事と存候。実際の処、日本の経営する事業中、寧ろ他の幾多の正業者よりも、遥に彼等醜業者は偉大なる勢力を有し居る者に候」（柴田博陽「満韓に於ける惨憺たる醜業婦」、『廓清』、一巻五号、一九一一年一一月、四七頁）

逢阪町遊廓の場合、遊廓の形式自体が内地とあまり変わらず、また、当然のことながら日本人を主な相手としたので、結局、内地の遊廓のしきたりや習慣がほとんどそのまま踏襲されることになった。

一方、これとは別に、大連には多数の中国人もいたから、彼らを相手とする売春の場も作られた。これを小崗子《しょうこうし》遊廓と呼んだ。ここは市街の西側に位置しており、逢阪町遊廓より、むしろ交通の便がよかった。同じく遊廓といっても、小崗子遊廓の場合、小崗子と呼ばれる中国人が比較的集中して住んでいる町に、何軒かの妓楼がある程度のまとまりを持って建てられているだけで、日本式の遊廓のように、明瞭に区画された一定の地域の中に妓楼が集中的に建てられてはいなかった。しかし、それでも大体、まとまっていたので、敢えて日本式に遊廓と呼んだのである。

次の史料は逢阪町と小崗子の二つの遊廓を比較して述べている。

「逢阪町は純然たる内地式の遊廓組織になって、娼妓の衣裳から器具（まで）殆んど完備して居るが、小崗子は是等の心配は少しも入らぬ。着のみ着（の）ままの姿で、爾来々《にーらいらい》主義で、室内の装飾などは先づ先づ皆無である。其他、電燈とか何んとか彼んとか、生活費の相違は、丁度、日本人と支那人程の差異があるので、同じ働いても、諸経費に追はるる処から、結局、逢阪町が不景気となる訳柄《わけがら》だ。近頃、料理屋が大奮発で新築家屋へ移転した。昔の面影は更にない。然し、支那人本位の同地だけ、何れも支那家屋の中へ日本の造作を入れた為め、妙に狭苦しいが、併し、小崗子相当の構へかも知れぬ。」（『満州日日新聞』、大正元年八月一七日）

小崗子遊廓には日本女性だけでなく、中国人の女性もいた。中国人の生活レベルが低いだけ、

	逢阪町遊廓	小崗子遊廓
現業芸酌婦（A）	361人	209人
遊客（B）	3,762人	7,891人
揚高（C）	22,448円	15,627円
芸酌婦一人当たりの金額 $\left(\frac{C}{A}\right)$	約62円	約75円
遊客一人当たりの消費額 $\left(\frac{C}{B}\right)$	約6円	約2円

『満州日日新聞』、大正元年11月8日による。

表2　二つの遊廓の営業状況（1912年10月の1ヶ月）

その分、売春の料金もやすかった。表2は、逢阪町と小崗子の二つの遊廓の営業状態を述べている。ここから小崗子遊廓の売春の値段がずっとやすく、大体、逢阪町の三分の一程度だったことがわかる。小崗子遊廓のほうが、一回当たりの売春の値段はやすかったが、しかし、遊客の数が多かったため、芸酌婦一人当たりの金額は逆に多くなった。実際にはいろいろな条件が加わったから、この金額がそのまま女性たちの収入になったわけではない。しかし、それでも大体の傾向としては、小崗子遊廓で中国人の相手をしたほうが、身体はきついが、比較的多くの収入が得られたのではないだろうか。

また、ある時、一高生がはるばる内地から旅順戦跡めぐりに団体を組んでやって来た。彼らは大連で一晩、有力者から招かれて夕食を御馳走になる。次はその時の話である。

「『何が一番深く印象に留まりましたか。矢張、旅順の戦跡でせう。』と問ふと、一名、腕を扼し、『いや、よく尋ねて下すた。先刻から申上げ度かったのですが

（単位：人）

長崎	109	愛媛	50	岡山	24
広島	92	山口	41	香川	23
大阪	85	愛知	38	京都	21
熊本	56	佐賀	33	その他	130
兵庫	55	大分	32	合計	871
福岡	52	東京	30		

柴田博陽「大連の風紀」、『廓清』、２巻４号、1912年４月、p.43

表３　女性たちの出身地（大連で1911年末）

……あの小崗子とか云ひましたね。支那人の中に同胞が醜業を営むでるのは実に言語同断です。実に国辱だ。何とか罷めさせる法はないでせうか。』と悲憤慷慨されしには、今更ながら答辞に窮せり。」（『満州日日新聞』、明治四五年七月二六日）

純心な一高生は、小崗子遊廓で日本人の女性が中国人を相手に売春をしているのを見て、ショックを受けたのである。たしかに、まだ世間を知らない彼らがびっくりして、国辱だと悲憤慷慨するのは無理はない。しかし、当時、満州やシベリアに出かけた日本女性たちの売春の相手は、基本的には中国人であった。

その意味で、中国人を相手にしていた小崗子遊廓のほうが、実は満州、シベリアの日本人売春婦の状況からいえば、一般的であった。むしろ、満州地域なのに、日本人を主な相手とすることのできた逢阪町遊廓のほうが例外的な存在だったのである。なお、表３は女性たちの出身地を示す。同表からわかるように西日本の出身者が圧倒的に多い。また、少し後になると、比較的少数であるが、朝鮮人の女性も出てきて、両方の遊廓に加わるようになった。[4]

一方、当初、二つの遊廓以外にも西通りなど市内各所に私娼窟が散在していた。当局はこれらの私娼窟を取り締まり、二つの遊廓への集中をはかった。この処置はそんなに簡単なことではなく、相当な抵抗があったが、それでも徐々に行われていった。次の史料は西通りの場合を伝えている。

「西通の寂莫。小料理店残らず移転。本月中に立退を命ぜられ居たる西通小料理店は、二十八日夜までに、殆ど引払ひ尽し、残るは一軒に過ぎざるが、是亦、今明日中には引払ふべく、是までさしもに賑ひたりし磐城町西通一帯は、為めに昨今、頓に寂莫を極め、附近の飲食店、遊戯業、雑貨店等も亦た、随って他に移転、又は引払の計画中のもの多し。」(『満州日日新聞』、明治四三年一二月三〇日)

右の史料がいうように、西通り一帯の私娼窟は大体、一九一〇年末には除去された。市内各所に散在していた、その他の売春の場(私娼窟)も次第に整理され、結局、一九一一年末には移転は基本的に終了した。[5] こうして、大連における売春の場は逢阪町と小崗子の二つの遊廓に限られていった(表4参照)。

また、逢阪町遊廓では冬季、同遊廓内にただ一軒だけあった銭湯が、暖房用に湯たんぽを出前していたという。珍らしい話なので紹介しておく。即ち、

	1908年4月 A	1912年11月 B	1919年1月 C	1921年7月末 D
芸妓	237	293	690	903
娼妓	122	—	—	154
酌婦	395	556	787	827
計	754	849	1,477	1,884
備考	清娼妓　78 露酌婦　11 雇婦女　35	料理屋　89	検番　4 貸席　24 料亭　27 貸座敷　73 1ヶ年の揚高416万円	中国人娼妓　250余 〔逢阪町〕 妓楼（日本人経営）　約57 妓楼（朝鮮人経営）　7 〔小崗子〕 妓楼（日本人経営）　22 妓楼（朝鮮人経営）　7 貸座敷（中国人経営）　46 計　139

(史料)
A.『婦人新報』、136号、1908年9月
B.『満州日日新聞』、大正元年11月12日
C. 同、大正8年1月22日
D. 篠崎嘉郎『大連』、1921年、p.1298
なお、どういう理由かわからないが、1921年では「娼妓」の名称が復活している。

表4　大連の遊廓の変遷

「午後十時四十分。勇《いさみ》から四本、ドコから何本と申込んで来る。ハテ何んであらうかと聞いて見ると、湯婆《ゆたんぽ》の出前とは頗ぶる珍なり。北は北海道、南は台湾、到る所の遊廓事情を知らぬでもない拙者にも、湯婆の出前は之れが初耳なり。多き日は一日百三四十本に達し、注文に応じて配達し、朝は集めに廻る。湯屋から出す価は一本四銭、妓楼が客に請求するのが一本十銭。一本十銭で四本の足が温まるとすれば安いものなり。」（『満州日日新聞』、明治四十四年一月三十一日）

3　公娼制度の名目上の廃止

当時、日本内地では、売春関係の女性は法律のうえで、芸妓、娼妓、酌婦の三つに分類されていた。まず、芸妓（芸者ともいわれる）は「酒宴の間をとりもち、絃歌・舞踊などで客を楽しませる女」（『広辞苑』）であって、タテマエとしては売春婦ではない。しかし、これはあくまで一種のタテマエであって、よく知られているように彼女たちの一部は往々にして売春に従事した。(6)

次の娼妓は、いわゆる公娼制度の下で売春を行う者で、この三者の中で最も辛い境遇に置かれていた。彼女たちは「カゴの鳥」と歌われたように、外出の自由がなく、狭い廓の中で暮らさねばならなかった。また、前借金に縛られ、抱え主である楼主に多少とも人格的にも隷属していた。

酌婦は、いわゆる私娼をいう。彼女たちは公娼制度には入らないで売春を行う。従って、娼妓とは異なり、居住の制限はなく、人格的に隷属もしなかった。売春を稼業とする点では、前の娼妓と同じだが、居住の制限がなく、また、楼主に人格的に隷属しないですむので、酌婦は娼妓に比べ、ずっと恵まれていた。ただ、欧米の私娼のように、自主独立に売春をやれる者は少なかった。

日本の私娼である酌婦は、多くの場合、娼妓と同様、やはり前借金で縛られていたし、また、自宅から通いで売春をする者は比較的少なく、大体は抱え主の家に同居していた。こういった事情から、同じ私娼といっても、日本の酌婦が当時の欧米の私娼に比べると、やはり、いく分か、娼妓に近い性質を帯びていることは避けられなかった。

芸妓、娼妓、酌婦の三つの区分はそのまま植民地でも適用された。だから、関東州でも、当初、この三種類の売春関係の女性たちがいた。三者は法律上の扱いも違ったが、また、税金も違っていた。「関東州雑種税規則」（一九〇五年一〇月、関東州民政署令第七号）によれば、一ケ月当たり、芸妓七円、娼妓五円（中国人半額）、酌婦二円五〇銭であった[7]。

一九〇九年一二月、植民地当局は新しい方針を出す。即ち、（日本人に限って）従来の娼妓の名称を一律にやめ、すべて酌婦にするというものであった。要するに、公娼制度の名目上の廃止である。この直接的なきっかけは、逢阪町遊廓の次のような陳情を受けたからであった。即ち、当時、前述の二つの遊廓以外に、まだ市内のそこここに私娼窟があり（とくに西通りと呼ばれる地域がその中心であった）、そこに多数の私娼（酌婦）がいて、盛んに売春を行っていた。

前述したように、酌婦は娼妓に比べ、税金がやすかったので、その分、売春の値段を低くすることができた。このため、逢阪町遊廓は不利であった。

これを改善するために、逢阪町遊廓の楼主たちは、まことに変な理屈であるが、自分たちの所にいる女性たちの法律上の身分を娼妓から、酌婦に変更してほしいと陳情した。そうすれば、ともに同じ税額になり、対等の立場で競争できるというわけである。

当局側は、この陳情を受けいれ、二つの遊廓にいる（日本人の）娼妓を一律に、酌婦にしてしまった。こうして、売春関係の女性は、これ以降、芸妓と酌婦の二種類だけになってしまった。この間のいきさつを次の史料は簡明に述べている。即ち、

「大連の公娼廃止。娼妓悉く酌婦となる。（中略）組合は去る一日、打ち揃って警務係に娼妓を悉く酌婦に書換願を差出したり。由来、酌婦は娼妓と聊かも異る所なきに拘らず、其税金は娼妓の半額なるのみか、外出の自由まで許され、しかも市の中央に集り居れるに反し、娼妓は市の西端に追ひ込まれて、外出の自由を許されざるのみか、酌婦に倍する税金を払ひ居れる有様にして、其筋に於ても其取締方に就いて詮議する所あるやに聞きしが、今回、逢阪町が打揃って突然、酌婦に書換へんとするに到りし裏を覗けば、其筋に於て充分詮議の結果、これを組合に致せしものと見て、差支へなかるべきか。」（『満州日日新聞』、明治四二年一二月三日）

こうして、次の史料が説明しているように、大連（実際は大連だけでなく、関東州全体に、当面、あてはまったが）の売春の状況は独特の様相を呈していった。即ち、

「大連には娼妓といふものがない、逢阪町といふ遊廓町があって、娼妓のないのは聊か矛盾して居る様であるが、税金の関係上で、営業者側より民政署に対《むか》い、娼妓を酌婦といふ名義に変更を願ったのである。民政署もその情状を酌量し許可して娼妓の名称を全部酌婦としたのであるが（後略）」（柴田博陽「大連の風紀」、『廓清』、二巻四号、一九一二年四月、四三頁）

ただ、この時の処置は何か特別の法令の改廃を伴った形で行われたのではなく、いわば「行政指導」とでもいうようなやり方で行われた。だから、関東州（鉄道附属地を含む）内の娼妓のあり方を法的に規定した「娼妓取締規則」（関東州民政署令第十一号、一九〇五年一二月、制定）は以後も、そのまま効力を持ち続けた。

規則自体はそのまま存続しても、この規則の適応を受ける日本人の娼妓が、これ以後、一人もいなくなったというわけである。換言すれば、関東州内に日本人娼妓は一人もいなくなったが、娼妓の名称そのものは、そのまま存続した。だから、これ以後も、芸妓・酌婦の税額と並んで、娼妓に対する税額も、これを納める者がいる、いないにかかわらず、いままで通り掲げられ続けた。

当時、関東都督府は関東州と鉄道附属地だけを支配していた。それ以外のいわゆる満州やシベリアにいる在留日本人は外務省から派遣された各地方の領事の管轄を受けていた。従って、本来、前述の娼妓の名称を一律に酌婦に変更する件は関東州と鉄道附属地だけに限って、適用されるべきものであった。

しかし、現実には関東州（および鉄道附属地）と領事が管轄している地方との関係が密接だったので、結局、この方針は関東州（および鉄道附属地）だけでなく、満州およびシベリア在住のすべての日本人にも適用されることになった。こうして、関東州という狭い植民地の中だけでなく、全満州およびシベリアで、日本人の売春関係の女性は、法律上、芸妓と酌婦だけになった。

なお、満州では、いわゆる芸を売る芸妓らしい芸妓は実際のところ、それほど必要がなかった。せいぜい、日本人が特別多く集中して住んでいた大連あたりで、内地とほぼ同様な芸妓が求められるだけであった。そこで、満州の芸妓は多くの場合、比較的高級な売春婦と見なされていた。次の史料はずっと後年のことであるが、この間の事情をズバリと指摘している。即ち、

「料理店は内地の遊廓に等しく群馬県の乙種料理店と同じ業態であります。ここには芸妓と酌婦を置いてゐて、時間花及び明し花と称する二様の揚代を以て売淫してゐます。奥地や間島方面の事情は調査していませんが、新京を中心としての調査によって見れば、芸妓と酌婦は容貌よく、多少の妓芸を有つものを芸妓とし、容貌劣りて、妓芸なきものを酌婦として認可を仰ぎ、価格は三対二位の差額を附けてゐるだけで、売淫婦たることは同一であります。」（平林広人「新満州国に於ける邦人の風紀に就いて――女性十字軍を興せ」、『婦人新報』、四三五号、一九三四年六月）

また、当時、性病予防のために娼妓と酌婦には定期的な性病検査、即ち、検黴《ケンバイ》が義務づけられ

ていた。しかし、内地の芸妓の場合、彼女たちは売春婦ではないというタテマエから、原則として検黴が免除されていた。ところが、満州の芸妓は、前述の事情から、酌婦とほぼ同様に必ず検黴を受けねばならなかった。とりわけ、「酌婦と同居の芸妓」、即ち、事実上、酌婦と変わらない売春婦である芸妓は、酌婦と全く同様に検黴を受けねばならなかった(8)。

4　満州独特の売春状況の形成

こうして、満州では娼妓の名前はなくなり、酌婦が実は内地の娼妓に当たることになった。公娼制度は基本的にそのまま存続していたから、実態はそれほど変わったわけではない。しかし、たとえ名前だけの変更であっても、やはり多少の影響を与えずにはおかなかった。このため、売春に関して、満州独特のものが、いつしか形成されていった。

まず満州の酌婦が実は内地の娼妓ということで、一つの誤解が生まれる機会ができた。即ち、女衒《ぜげん》（人買い業者）は、世間知らずの若い娘たちに「満州へ行って酌婦をやれば、よい金になる」と説いた。

満州の酌婦が実は内地の娼妓であることをよく承知していれば、女衒のいう言葉は間違ってはいない。その通りである。しかし、世間知らずの娘たちは、おろかにもそうはとらなかった。

酌婦は法律用語としては私娼を指すが、それ以外に日常的な用語としては、酒の相手をする女性という意味でも使われる。ただ単に酒の相手をしたぐらいで、よい金が得られるわけがない。

しかし、娘たちは自分たちに都合のよいように考えて、満州で酌婦をすることと、売春とを全く結びつけて考えなかった。彼女たちは比較的簡単に女衒に騙された。

船で大連まで行き、そこから上陸するのが、当時の満州へ渡る主要なルートであった。大連港では警察が、誘拐されたり、騙されたりしてやってきた女性をチェックしていた。幸いに大連港で警察のチェックにひっかかり、警察の係官から、前述の事情、即ち、満州では酌婦が内地の娼妓に当たり、酌婦は必ず売春をさせられると聞いて、びっくりして震えあがる娘が跡を断たなかった。次はその一例である。

「酌婦を解せず。　市内松公園内、料理店、松金、抱芸者、梅八、事、西本サキは、今度、内地へ帰り、大阪府下、西成郡勝間村生れ、金沢ノエ（十九）が丁度、遊んで居れば、満州にいっては何《ど》うか、酌婦をしても、月に七八十円の収入はあると、例の調子で誘ひ出し、一日入港（の）台中丸にて来連したが、満州の酌婦は内地と違ひ、女郎と一緒と解り、這麼《こんな》恐しい処であったら、来るのではなかったと、頻りに悔み居るより、松金の主人も呼出され、相談の末、ノエは一先づ内地へ帰る事となる。」（『満州日日新聞』、大正二年八月二日）

また、娼妓の名称がなくなったので、これに対応して、貸座敷《かしざしき》業者の名前も使えなくなった。江戸時代の公娼制度では、女郎屋が娼妓を抱え、売春をさせていた。しかし、明治初年以降の近代公娼制度になると、この関係は変わる。江戸時代の女郎屋の名称はなくなり、これに代わって、娼妓の抱え主を法律上、貸座敷業者と呼ぶようになった。

　貸座敷業者の名前から知られるように、タテマエの上では彼らはただ単に女性たちに売春の場所である座敷を貸してやるだけの存在であった。同様に、娼妓もタテマエの上では、独立して売春を稼業として営んでいる者であって、貸座敷業者とは売春を行うために座敷を借りる以外には何の関係もないことになっていた。

　しかし、以上の話はあくまでタテマエに過ぎず、実際には両者の関係は、前借金の問題もあって、江戸時代の女郎屋と娼妓の関係とあまり変わらなかった。世間はその間の事情をよく承知しており、誰も彼らのことを法律で定められた通りに貸座敷業者などと呼ばず、相変わらず昔どおりに女郎屋と呼んでいた。世間の人々は女郎屋と呼んでいたが、法律上はやはり貸座敷業者であった。

　植民地の関東州でもこの事情は同じで、女性を抱えて売春をさせる者はやはり貸座敷業者であった。ところが、娼妓の名称がなくなったことで、これに連動して従来の貸座敷業者の名前も使えなくなった。貸座敷業者に対応するのは、あくまで娼妓であって、酌婦ではなかったからである。そこで彼らのことを料理店と呼ぶことになった。こうして、これ以降、満州（及びシベリア）では料理店が内地の女郎屋を意味することになった。結局、満州では一口に料理店といっても、実は二つの内容、即ち、本来のレストランの意味のものと、本当は女郎屋であるものとが、併存することになった。少なくとも官庁の統計資料からでは、どちらの種類の料理店かは明瞭に区別できなくなった。

　現在の日本でもそうであるが、日本料理の店は「御料理」という看板を掲げることが多い。当時の満州でも、やはり「御料理」の看板がごく普通に使われた。

　この看板が現地の中国人に、また一つの誤解を与えることになった。即ち、「料理」という語は日本語では「食べ物を調理する。また、食べ物」の意であるが、現代中国語では、その意味はすでに失なわれ、むしろ、「料理家務」（家事をきりもりするの意）のように使われている。従って、現代中国語の「料理」は「物事のきりもりをする。適当に処理する」とでもいうような意味である。そして、「御」は日本語では丁寧な気持ちを伝える接頭語であるが、現代中国語にはそういった用法はない。そこで、中国人は「御料理」を「（女性を）御して適当に処理する（場所）」、即ち、文字通りの女郎屋の看板の一つと理解したのであった。

　また、中国側が作成した地方志の中には、在留日本人の職業として、「御料理」という語をそのまま用いているものがある。[9] 本来、「女郎屋」を意味する中国語を用いて記すべきであるが、日本語を解さないために、「御料理」という看板をそのまま職業名としてしまったわけである。

　当時、満州にあった中国側の遊廓は主に「平康里《ぴんかんり》」と呼ばれた。それは古くから伝統的に伝わってきた由緒ある名前であった。満州の中国人は、この場合と同じように、日本では女郎屋のことを伝統的に「御料理」と呼んでいると誤解してしまったのである。現地の中国人が、本当に「正しく理解」していたように、満州の「御料理」こそ、在留日本人が経営する女郎屋だったのである（図1参照）。

　以上、述べてきたように、一九〇九年一二月に行われた娼妓から酌婦への名称変更は、空間的には関東州だけに留まらず、広く全満州およびシベリアまで拡大していった。また、時間的にも

看板に「(料) 理店○○楼」(南海楼か？) とあるのが見てとれるであろう。

図1 「夜の小崗子」『満州日日新聞』明治45年7月25日

ずっと後年の「満州国」の時代まで、それは継続して機能し続けた。その結果、この措置は満州及びシベリアの売春の状況に独特の色合いを与えていく。その点を次の史料は触れている。即ち、

「之と共に北満州の一部と西比利亜に居るものを算すれば、少なくも五千人に達する。日本の男性が一人も住居してない小村落にも、支那人の妾となり、酌婦となって四、五人は住んで居る。一般に料理店と云ふのは娼家を指し、酌婦とは娼妓を指すのである。唯だ慣例上、料理店又は酌婦なる名を冠するに止まり、日本内地に於ける如き料理店又は酌婦でない。純然たる女郎屋と女郎のことである。」（布川静淵「日本婦人の面よごし――海外に於ける日本醜業婦の近況」、『婦人公論』、三巻二号、一九一八年二月）

以上、述べてきたように、今回の措置は、本来、単なる名称の問題に過ぎないのに、当初、予想された範囲よりも、空間的にも、また、時間的にも広がりを見せ、満州（およびシベリア）における日本人売春婦のあり方に対し、案外、大きな影響を与えたのであった。

5　娼妓の名称をなくした本当の理由

「3　公娼制度の名目上の廃止」で述べたように、この時、娼妓が一律に酌婦に名称変更されたのは、たしかに直接的、あるいは表面的には、逢阪町遊廓側の陳情の結果であった。しかし、

植民地当局のねらいは別の所にあった。その点を後になって、次のように述べている。即ち、

「又、本邦人婦女子に対しては対外関係を考慮して娼妓稼業を認めず、只、芸妓、酌婦の公娼的行為を黙認したが、之等婦女の外出の際に於ける服装に注意を加へ、且、張店《はりみせ》を禁じた。」（関東局編『関東局施政三十年史』、下巻、一九三六年、七九九頁）

彼らの本当のねらいは、いみじくも自分から告白しているように、「対外関係を考慮して」ということであった。彼らがいう「対外関係を考慮して」とは、関東州（および鉄道附属地）という植民地の特殊性に由来していた。台湾、朝鮮、南樺太といった、その他の植民地はいずれも閉鎖的な所で、いわば第三者の目を気にしないで、植民地を経営することが可能であった。

それに対し、関東州は開放的であった。即ち、大連港、満鉄線を利用して、常時、多数の外国人（大量の中国人の季節労務者と、シベリア鉄道経由でヨーロッパとゆききする欧米人）が、この狭い植民地を南北に通りぬけていた。だから、関東州における日本の植民地の経営ぶりは隠しようがなかった。関東州の植民地当局は他の植民地とは異なり、第三者である外国人、特に欧米人の目を気にしながら、種々の施政を行ってゆかねばならなかった。

関東州、とりわけ、日本人が集中して住んでいる大連には日本内地の公娼制度がほとんどそのまま輸入されていた。この制度の下で働く娼妓は、抱え主の楼主に人格的に隷属しており、まことに気の毒な境遇に置かれていた。当時、すでに公娼制度の廃止を求める廃娼運動が内地では、

盛んに行われており、彼らは公娼制度の持っている、こういった非人間的な所を激しく攻撃していた。

廃娼運動側が説くように、たしかに公娼制度はあまりみっともよいものではなかった。おおいばりで欧米人に見せられるものでは決してなく、できれば、隠しておきたい代物であった。要するに、遅れた売春のしくみである、いわゆる日本の公娼制度を欧米列強の人々に見せたくなかったのである。

従って、関東州において公娼制度をやめてしまうことが、本当は最もよいことであった。しかし、それは種々の事情から不可能であった。そこで、いわば次善の策として娼妓の名称をなくすことにしたのであろう。

以上が、この時、関東州において公娼制度の名目上の廃止が行われた理由であった。だから、この時、関東州以外のその他の植民地では、これは全く問題にならなかった。

一方、植民地当局は売春関係の女性たちの置かれた状況に相当程度、関心を持ち、種々の方策を講じた。少し後のことになるが、その様子は次の通りであった。即ち、

「之等特種婦女の保護指導に努め、大正十五年九月に至り、抱主と稼業者間に於ける契約標準を定めて、許否決定の条件とし、以て、稼業者の手当金、若くは収得歩合を高め、且つ其の素質向上を図る方法を講じたり。」（前掲『関東庁要覧（昭和八年）』、一五八頁）

この他にも張店《はりみせ》を禁止したりしている。これら一連の措置を、植民地当局が女性たちに同情して行ったとは考えにくい。やはり、前述の「対外関係を考慮」する方針と、軌を一にしたものであった。

いわゆる張店とは女性たちを商品さながらに、ズラリと店先に座らせ、遊客の好奇な目に晒させるものであった。客の屈辱的な品さだめを受けねばならない、張店のシステムは欧米人の眼には、やはり異様なものに映ったであろう。植民地当局は、このシステムがひょっとすると悪い評判を招くかもしれないと心配し、それで張店をやめさせたのである。

また、放任しておくと、立場の弱い女性たちは極めて悲惨な境遇に落ち込んでしまう恐れがあった。具体的には前借金を返済できないために、いつまでも売春から足を洗えず、文字通り、廓の中に「飼い殺し」の状態に置かれることになった。前途に何の希望も見いだせなくなった女性たちは、しばしば情死という形の自殺や逃亡をはかった。

こういったことも、できることなら、欧米人には見せたくなかった。そこで、植民地当局は敢えて女性たちと抱え主との契約に干与し、女性たちがあまりにひどい境遇に落ち込まないように配慮したのであつた。

これらの措置は、たしかに一面では、一定程度、彼女たちの待遇改善をはかるものになっていた。その点は認める。しかし、その本質は、繰り返し述べたように、今回の娼妓から酌婦への名称変更と同様、やはり「対外関係を考慮」してなされたものと見なすべきであろう(10)。

なお、娼妓の名称の廃止は、関東州在住の中国人には及ばなかった。中国人の売春婦は関東州では娼妓、鉄道附属地では、なんと俳優という名称で許可を受けた。そして、関東州内の中国人娼妓に対しては、居住及び外出の制限、健康診断の強制など、とりわけ厳しく取り締まった。このように植民地当局は中国人売春婦に対しては、日本人娼妓に対する時とは隔絶した、厳しい態度で臨んだ(11)。

このことは、逆の面から、日本人娼妓の酌婦への名称変更という今回の措置のねらいが、どこら辺にあったかを浮かび上がらせてくれる。要するに支配民族の日本人の女性が公娼制度という、ひどい状況に苦しんでいるのを欧米人に見せたくなかったが、しかし、被支配民族の中国人の女性が同じような悲惨な境遇にあっても、それには何の関心も払わず、その状況をむしろ固定しようとさえしたのである。また、関東州内の朝鮮人売春婦であるが、彼らはいわゆる「新日本人」ということで、規則の上では日本人売春婦と基本的には同じ扱いを受けた。

6　今後の課題

前述したように、今回の娼妓から酌婦への名称変更、即ち、公娼制度の名目上の廃止は、関東州という植民地の特殊性から植民地当局がかってに行ったものであって、娼妓たち自身や廃娼運動側の働きかけによって実現したものではなかった。そういった事情から、公娼制度の名目上の廃止を利用して、それを少しでも実質上の廃止に近づけていこうという努力は、残念ながら、なされなかった。だから、従来の娼妓が名目上、酌婦となり、法律上の扱いが変わっても、彼女たちが置かれた境遇は、とくに改善されなかった。

しかし、全く変化がなかったというのは間違いであって、やはり娼妓から酌婦への名称の変更は、多少の変化を生みださずにはおかなかった。とりわけ、外出の制限（あるいは居住の自由）の問題で、ある程度の変化が出てくるのは避けられなかった。

満州のその他の地域は、新しい方針で、特に差し障りがあるわけではなかった。というのは、こういった地域には、他の市街地から、はっきりと区画された遊廓はなかったから、そこに出かけた日本人売春婦もごく普通の市街地にまぎれこんで生活していたからである。だから、女性たちの外出を制限しようとしても、それはまず不可能であって、おそらく、初めから問題にならなかった。

従って、外出の制限の問題でいえば、こういった地域では娼妓であろうが、あるいは酌婦であろうが、ただ単に名前が違うだけで、実態には特に変化が起こりようがなかった。

しかし、当時、満州でただ一つ、内地とほとんど同じ形式の遊廓がある大連では多少の矛盾が出てきた。即ち、大連の遊廓の娼妓は従来、内地の場合と同様に、外出が制限されていた。いわゆる「カゴの鳥」だったわけである。ところが、今回、酌婦に名称が変更したことで、少なくとも法的にはこの制限は撤廃された。こうして、大連の遊廓の女性たちは、突然、外出の自由を得た。従来の「カゴの鳥」が急にカゴから外に自由に飛べるようになったのである。

しかし、彼女たちが外出の自由を得たのは、どうも一時的だったようで、詳しい事情はわからないが、まもなくその自由を再び失っていく。大連の遊廓の女性たちが外出の自由をどのようにして失っていったのかという件は、私には興味深い問題と思われる。しかし、紙幅の関係から、この問題についての検討は本稿では割愛し、稿をあらためて取り上げることにしたい。

第五章　密航婦「虐殺」事件と多田亀吉

はじめに

一九〇七年一月二十日、ともに長崎で発行されていた『鎮西日報』と『長崎新聞』（以上、国会図書館所蔵）は、ほぼ同じ内容の、マレー半島からの投書を転載する。それは驚愕すべき内容であった。即ち、多田亀吉という誘拐業者の手で八名の少女が「からゆきさん」として連れ出される。密航の途中、それが一つの習慣でもあったらしいが、誘拐業者側が少女たちを次々と強姦した。ところが彼女たちの一人（北浦ふで、二十二歳）が抵抗する。怒った男たちは彼女を船中で絞殺し、死体はそのまま海に捨ててしまう。その後、マレー半島に上陸した少女たちは、当地から虐殺のようすをこと細かに報告し、首謀者の多田亀吉の処罰を要望する。

この少女たちの告発の手紙は、一大センセーションを巻きおこす。これを受けて官憲は多田亀吉を捜索し、遂に二月になって、彼を門司で逮捕する。逮捕された多田亀吉は長崎に送られ、取り調べられる。しかし、六月になって、彼はなぜか証拠不十分で釈放されてしまう。

これだけ世間を騒がせた事件の首謀者であったにもかかわらず、また、極悪非道な重罪犯人として捕まったはずの彼が、どうして、あっさり無罪釈放になったのであろうか。当時の新聞を見ても、きちんとした説明はなされていない。まことに釈然としない。当時の人々も、おそらく、同じ思いを抱いたのではなかろうか。

この事件にいち早く着目し、あわせて、この疑問を提示したのは森崎和江氏である。彼女は、山崎朋子著『サンダカン八番娼館』（一九七二年）と並んで、戦後の「からゆきさん」研究の出発点をなす名著『からゆきさん』（一九七六年）の中で、早くも、この事件に言及されているのは、さすがである。森崎和江氏は「わたしはがてんがゆかない。（中略）が、殺して海にほうりすてて、八人もの証言があって、それでも免訴とは了解できない。」（三十五頁）と、その疑問を述べているが、彼女が不思議に思うのは当然である。

ところが、私は偶然なことから、この事件に関する、別の史料を見つけることができた。それは、多田亀吉が免訴になったことに対する長年の疑問を氷解させうるものであった。本稿では、初めに事件のあらましを述べ、次に新しく発見した史料を紹介することで、森崎和江氏が以前に提起された疑問を解こうというものである。

1　少女たちの告発の手紙

最初に、事件の発端となった少女たちの告発の手紙［以下、手紙Aとする］を紹介する。それは、一九〇六年一二月二七日付けで、小林きみ（十六）をはじめ、七人の少女の連名で書かれたものである。彼女たちの年齢は六歳から十九歳までで、出身地はいずれも長崎県内であった。

「●悲惨なる少女の運命▲密航船中の強姦絞殺（中略）

拝啓、世界広しと雖も、私共の如き薄命の者は又とあるまじと思へば、涙せきあえず候得共、現に此世に蔓延る悪人を其筋の手に召捕り被下候様、茲に愚筆を以て、大略を申送り、貴社に訴へ候。何卒、御訂正の上、世人に示し、婦女方の警戒とも被成下度候。

昨年七月十五日に密航婦誘拐者、多田亀吉と申す者にウマウマと騙され、朝鮮に雇ひ行くと申し、長崎県嶋原より渡海船（和船ならん）に乗込みしが、夫よりは私共に番人を附し、厳重なる見張りをなし、上陸を禁じ、自由を束縛し、一ヵ月餘の間は大海の荒波に揺られ揺られ、口の津、及び天草の近海に漂はせ、言語道断なるは獣だも食ひ得ざる如き粗食を与へ、夫も二日に一食、又、三日に二食にて、或時は四日間、絶食の事も有之候。

加之ならず、彼等誘拐者は吾々女子を惨酷極まる取扱ひをなしたる上、夜間に相成候へば、前記、多田及同人手下の大男共は、吾々を誰彼の差別なく強姦を檀まに致候。其時、私共の悲しさと無念さは筆紙に尽されず、此世にありとあらゆる艱難を仕尽し、皆、自殺を謀らんと致候も、見張の厳重にて自殺、逃走等は思ひも寄らず候。

一同、皆、昼となく夜となく、涙の中に海上生活を致候中、私共の中にて、長崎県南高来郡大三東村◎◎の者なる北浦ふで二十二歳と申すは、此悲惨なる中にゐたたまれず、遂に逃走を企て候より、彼等のために発見され、甚しき呵責を受け、苦痛に堪へられずして、大声にて助けを呼び候ひしかば、多田と手下の者は大に怒り、ふでを絞殺して海中に投じ候。

夫よりは、私共、身の毛立って怖れ、彼等のいふ儘に任せ居り候処、八月二十八日の夜中、或る大汽船に移され、翌日、出帆致し、海上七日にて、香港に上陸致候。其間に船中の暗き底に押籠められ、一日に小さき握り飯一個宛にて、半死半生の内に上陸致し、直井事、東屋と申す旅店の秘密部屋に押込れ候。

一行二十七人の中、一人は絞殺され、生残る二十六人を、同港にて娼妓仲買の手にて、新嘉坡の播磨屋と云ふ旅店へ売られ候。其為に皆、チリヂリ、バラバラとなり、二十六人、茲に血の涙の別れを致し候。其時、私共七名は馬来半嶋ペラ国イッポウと申す地へ参り候。夫より今日までは抱主に頼み、一度、本国へ郵便差出し度申候も、堅く発信を禁じられ居り申候。

然るに、図らずも、此度、此地愛国婦人会員様方のお取計らひを以て、抱主に照会の上、私共が今日まで無念の涙を呑み居り候を、此一書に尽すことに相成り申候。何卒、何卒、此事実、貴紙に御掲げ下され、悪人召捕りの上、世人にも注意の一端となし被下らば、本望に御座候。

多田と申すは、昨年、私共を売放ち候後、又亦、誘拐致し新嘉坡へ渡り仲買人、播磨勝太郎に売放ち候由。其内の一人は私共の抱主の手に渡り、現に目下、同棲致居り候。其者の言に依れば、此度は神戸より仏国郵船にて上海行切符なりしも、船中にて買替へ候よし。神戸出帆の節は水上警察の巡査と多田とは、何か暗号にて諜し合せ居り。其の時、聯合せし悪人は大野某、藤田某と申す神戸人にて、何れも神戸に巣を張り居候由。

多田の人相は、顔は白痘痕にて、額に禿げあり。目は小さき方。言葉は神戸近くの灘の者にて、其訛り有之候。

私共の永き恨みは到底、紙にも筆にも尽し難く。唯々、大略を申上候故、一日も早く此敵をお打ち下されたく候。」（『鎮西日報』、一九〇七年一月二十日）［※◎◎印の部分は詳しい地名が記されているが、省略した。以下、同じ扱いとする。」

手紙Aには、事件が事実であることを保証する、マレー半島ペラ州イッポー在留愛国婦人会会員総代の松尾てつと浦川いさの両名による、「右の者、各姓名、原籍、及、事実の陳述に相違なく、各自の爪印を証明す。」という添え書きも付けられていた。

ここで出てくる愛国婦人会とは、兵士の慰問、遺家族の援護などの目的で、一九〇一年に創立された婦人団体であった。日露戦争という、国をあげての大戦争を戦う熱狂の中で、多くの女性が加入した結果、一九〇五年には、会員は四十六万人にも達した。外地に出かけていた「からゆきさん」出身の女性にまで、この風潮は及び、彼女たちの中にも、進んで当会に加入する者も現われたのである。

また、一九〇六年一月十二日発行の『鎮西日報』に、愛国婦人会長崎支部の統計が掲載されている。それによれば、一九〇五年十二月末現在で、総会員数一万二一一六人。そのうち、海外の会員が一八三名であった。海外の会員がこんなに多いのは長崎支部の特徴であって、他の府県の支部には到底、見られないものであったはずである。

この記事が発表されると、反響は大きく、事件は全国的規模で大々的に報道された。それだけセンセーショナルな内容だったからである。そして、この記事を受けて、官憲も多田亀吉の行方を追う。それから、まもなく、二月十四日、彼は門司で（彼の何人かの「妻」の一人の所）逮捕される。次は多田亀吉の逮捕を報じる記事である。

「神戸市三ノ宮生、多田亀吉（卅八）は、昨夜、門司市内東堀川町二丁目、下宿屋、矢田ツル方へ潜伏し居るを、門司警察の手にて逮捕されたり。彼は身に絹布を纏ひ、懐中には貮百五拾円を所持し、一見、紳士の風を装ひ居たり。（中略）

ツル方に踏込んで、難なく亀吉を取押へたるが、就縛の際、彼は懐中に一月廿日の本社鎮西日報切抜（被害少女の書簡を掲げたるもの）を数葉、所持し居たりと。彼等、悪漢の如何に社会の耳目に注意して警戒するかは之を以て知るべし。（中略）

亀吉は多分、移民保護法違反、制縛監禁、及び殺人、強姦等の諸罪を以て、告発せらるべしと云ふ。因に同人は丈五尺三四寸、鼻高く、眼細く、額禿上り、顔面、痘痕ありて、非常に獰悪の相貌を備へ居りしと。毒手に罹りて荒海の底の藻屑と消へし少女の霊も、今、初めて成仏するならん。」（『鎮西日報』、一九〇七年二月十五日）

こうして、逮捕された多田亀吉は重罪犯人として長崎署に連れてこられ、「移民保護法違反、制縛監禁、及び殺人、強姦等の諸罪」の容疑で、取り調べを受けることになった。

なお、最初の手紙Aでは、殺された少女は「北浦ふで二十二歳」と記されていたが、この多田亀吉の逮捕を報じる記事では、「松田フデ（二一）」と変わっている。彼女だけでなく、告発した七名の少女のほうも、そのうち三人はその名前が変わっている。しかし、少女たちの名前や年齢の変更については、なんの説明もない。「からゆきさん」＝売春に関係するというわけで、人権を配慮するために、仮名に変えたという可能性が指摘されるかもしれないが、当時のマスコミには、そういった配慮は、まず、存在しなかった。だから、彼女たちの名前などが何人か途中で変わったのは奇妙である。

2 取り消しを求める手紙

多田亀吉が逮捕され、取り調べを受けている時、一九〇七年三月二十二日発行の『鎮西日報』は、「不審しき海外よりの取消文」という記事を掲載する。その内容は、一月二十日に紹介され、今回の騒ぎの元になったマレー半島から来た手紙Aは、実はデタラメで事実無根だというものであった。

手紙は二通あって、ともに同年三月五日に出されたものである。まず、一通（以下、手紙Bとする）は、前回の手紙Aで、少女たちが告発した内容を事実であると保証した松尾てつと浦川いさの連名によるものであった。要するに、彼女たち自身はたしかに実在するが、現在、イッポーにはおらず、自分たちの名前が勝手に使われたと弁明する内容のものであった。なお、手紙Aでは、浦川いさとなっていたが、ここでは「あさ」に変わっている。後者のほうが正しいのであろう。

「不審しき海外よりの取消文。本年一月二十日の本紙に『悲惨なる少女の運命』と題して記載したる記事は、馬来半嶋ペラ、イッポよりの来信にして、可憐なる少女の運命に同情したる同地愛国婦人会員総代松尾てつ子、浦川あさ子両女史の証明あるを信じて発表したるに、事、重大なる人権問題なりしかば、端無くも、天下の一大疑獄となり、其筋にては、有らん限りの捜査を尽して、遂に加害者と目せらるる多田亀吉を、門司にて捕縛し、目下、当地裁判所にて予審中の事件なり。

然るに、昨日、再び馬来半嶋より、二通の書留郵便は本社に達したり。披見するに、一は曩に少女の運命を証明したる松尾てつ子、浦川あさ子よりの書状にして、全然、曩の証明を否認したる取消文なり。不審しき限りなれど、条令の命ずる処に依り、左に原文の儘を載する事とはなしぬ。

拝啓、去る一月二十日御発行の貴紙第八千四百七十九号雑報欄に於て、密航婦女の哀訴せる記事中、当馬来半嶋ペラ、イッポ愛国婦人会総代として、不肖、妾等、当該記事の事実なるを立証報告せし旨、御掲載有之候処。

右は未だ嘗て夢にだに預り知らざる意外の記事にして、妾テツは現に右イッポを距る約三十哩なる、スンゲ、シップに居住せるもの。妾アサは現に右イッポを距る百五十哩なる、ピナンに居住せる者にして、勿論、共にイッポ在留者にて無之、通常会員として共に愛国婦人会に入会致し居り候も、総代など越権も極まれる虚構の事実にして、惟ふに何者か為にする所あり。

濫りに名義を詐称し、事実相違なる投書をなせし者に有之候条。此全文を掲げ、御訂正被成下度、茲にペラ、イッポ愛国婦人会代表者の立証、弁白を添附し、此段、願奉候也。」（『鎮

西日報』、一九〇七年三月二十二日）

もう一通（以下、手紙Cとする）は、本物の愛国婦人会のイッポー代表の三名（龍田キワ、加納チヨ、中村トク）がやはり連名で出したもので、手紙Aで伝えられたような事実はなく、全くのデタラメだと指摘するものであった。

「拝白、前記、松尾テツ及び浦川アサ両氏連署訂正願の通り、過般、何者か貴紙を藉りて、本会名義を詐称、濫用し、濫りに中傷的文字を弄せしもの有之候処、右両名の訂正願、全文の通り、事実相違無之を証明致し候。

而して、本会は未だ嘗て当該記事中に於ける如き、不幸可憐なる一般婦女の何等、愁訴、陳述に接せず。全く無知の事柄に有之候。猶、当地に於ける一般娼楼楼主にして、音信遮断の行為を敢てしたる者の如き、未だ嘗て斯如、暴挙あるを聞かず。況や、当地は女権を尊崇する英領殖民地政庁の管轄にして、完全なる保護を享受しつつあるに於てをや。

惟ふに、何者か濫りに本会を利用して、人名を詐称し、捺印を偽押し、以て私憤に酬ひんが為め、敢て斯如、投書をなせしものなるべく、茲に、不肖、妾等、本会を代表し、事実を弁明して、相違の点、御報告、申上候間、此全文を掲げ、御訂正被成下度候。」（同上）

この段階では、どちらの手紙が正しいのか、まだ判断がつきかねた。そこで、手紙を掲載した

『鎮西日報』も、「いぶかしき」という表現をつけ加えている。

3　多田亀吉の釈放に対する疑問

その間、多田亀吉は取り調べられていたのであるが、逮捕から約三ケ月半たった六月初め、長崎地方裁判所は彼を証拠不十分で免訴にする。次は、それを報じる『福岡日日新聞』の記事である。これまで、この問題を大きく扱ってきた、『鎮西日報』と『長崎新聞』には、多田亀吉の免訴のことは、なぜか、載っていない。

「○多田亀吉の免訴　昨年中、長崎県下より婦女八名を誘拐して、麻尼拉に売飛ばし、航海中、一行中の一人を強姦せし上、絞殺して死体を海中に投込み、其他、神戸、門司、香港等に乾分二百八十名を配置して、十三年間、婦女誘拐を業とし不正の所得金二拾五万円、誘拐婦女千八百名に及び、其身は豪奢なる生活をなしゐたる神戸生れ多田亀吉が、去る二月中、門司に於て逮捕されたる事は、当時、本紙に記せしが、爾来、長崎地方裁判所に於て、予審中なりしが、一昨日に至り終結し、亀吉は証拠不充分として予審免訴となれり。」（『福岡日日新聞』、一九〇七年六月六日）

こうして、多田亀吉は六月四日に「証拠不充分として予審免訴とな」り、釈放される。これだけ世間を騒がせた事件の首謀者として、官憲に捕まった彼が、どうして、あっさり無罪釈放になったのであろうか。その間の事情を当局側が世間に対して、きちんと説明したとは思われない。このため、彼の無罪釈放については、当時においても、不思議に思われ、いろいろ論難されたようである。次の史料は、そのようすを伝えている。

「其翌月、亀吉が門司の妾の家に居る処を見附けて逮捕し、裁判所に廻はす事は廻したけれども、何事ぞ、六月に至って免訴にして仕舞った。証拠が不十分と云ふのである。其時の世間は囂々として、法律は竟に人道の大罪人を罰する能はず、死文なりとの蜚語、紛々として起り、前記の二新聞は其議論を代表して八ッ釜しく論じたものだ。」(『長崎新聞』、一九一一年四月二十五日)

前述したように、本事件にいち早く着目し、あわせて、この疑問を提示したのは森崎和江氏である。彼女はその著書の中で、次のようにいう。

「多田亀は本名を多田亀吉といい、神戸あるいは下関生まれで、明治四十(一九〇七)年当時三十八歳。その年長崎稲佐のミセ、キミなど八人の少女たちによって告訴された。亀吉は少女たちをマニラに密航させる途上、その言にしたがわなかったフデを強姦し、見せしめとして絞殺、死体を海に投げいれたのである。そしてさらにほかの少女たちをおかしてしたがわせ、上陸後売ったのであった。
ミセ、キミたちはこのことをしたため、血判をおして告訴した。手配された亀吉は当時長崎にいたが、神戸、大阪と逃げて、門司から密航寸前のところを捕らえられた。
亀吉は二百八十余人の子分を、あちこちに置いていた。門司を根城に、同業者から海外での上陸料をとって証明書をだしていた。かれが発行した証明書は海外の港にたむろする、さまざまな国の同業者をおさえて、その密告を防ぐことができた。（中略）
海外ではシンガポールを根城にしていたようすで、さきの多田亀讃美の文章にも、年間五、六百人の女郎を補充していた、とある。新聞には十三年間に千八百余人、金額にして二十五万円の利をあげていたとある。
ところが、この亀吉は明治四十年六月四日、長崎地方裁判所で証拠不十分として予審免訴になったのである。
わたしはがてんがゆかない。「密航婦」という世間の目も腑におちない。が、殺して海にほうりすてて、八人もの証言があって、それでも免訴とは了解できない。多田亀はその後、シベリアで非業の死を遂げた、という。どのような死を死ぬことができたのだろう。わたしは当時の裁判記録をしらべたいと思ったが、長崎裁判所の記録の多くは原爆によって失われたということであった。」（森崎和江『からゆきさん』、一九七六年、朝日新聞社、三十五頁）
森崎和江氏は、『福岡日日新聞』を史料に使っている。同じ九州だが、長崎から離れた福岡では、多少、事件を伝える新聞の記事内容が変容している。まず、ミセという少女の名前は『鎮西日報』の記事には出てこない。また、「マニラに密航させる」や、少女たちが告訴するに当たって、「血判をおして」云々といった箇所は、『福岡日日新聞』の記事には記されているが、元になったと思われる『鎮西日報』の記事の中には出てこない。こういった細かい点は違っているが、しかし、事件のあらましは当然、同じである。

上掲の森崎和江氏の文の中で、さきの「多田亀讃美の文章」といっているのは、南洋及日本人社『シンガポールを中心に同胞活躍、南洋の五十年』（一九三七年）のことである。また、森崎和江氏は「多田亀はその後、シベリアで非業の死を遂げた、という。どのような死を死ぬことができたのだろう。」とも述べているが、多田亀吉が後年、シベリアで死んだことも、同じ本に記されている。次に森崎和江氏がその本の中で言及している部分を紹介する。

「私に云はすれば、藤井領事のピンプ退治其場が既に南洋一帯の娘子軍をまとめて行く事が出来る人間を失ふた結果であったのである。丹波屋が死んでも多田亀が生て居りさえすれば、勿論、南洋娘子軍は一糸乱れず勢威を失墜する事なくして、今、暫くは繁昌を続けて行くことが出来たかもしれないのであった。

然し、時勢をどうする事も出来ないのだ。丹波屋が死んで一年もたたない中に、多田亀が西伯利亜で非業の最後を遂げたのは、結局、運命であったらう。多田が死んでは、もう丹波屋の後を継ぐべき腕のある者は何処にもゐなかった。（中略）（大正九年六月記）」（前掲、南

洋及日本人社『シンガポールを中心に同胞活躍、南洋の五十年』、一五二頁）

「其他、馬来半島各地は勿論の事、蘭領の島々から蘭貢、盤谷、西貢、トンキン、マニラと殆んど彼等の影を見ない処なく、南洋の至る処に日本人の女郎屋町が立派に出来てゐた。そして、長崎の丹波屋とか多田亀なぞ云ふ親分に依って統率され、年々、五六百人も新しい娘が補充として、口の津や門司の港から、香港、新嘉坡へ誘拐されて行つつあったのであった。」（同上、一五五頁）

森崎和江氏は、多田亀吉と並んで、ここに出てくる長崎の丹波屋という親分のことを調べたが、本名を含め、彼のことについては、結局、なにもわからなかったようである。

また、多田亀吉の死について述べているのは、この本だけである。その意味で、この本は貴重である。同書の出版自体は一九三七年であるが、ここに引用した箇所には（大正九年六月記）と付記されている。ということは、多田亀吉のシベリアでの死が、少なくとも一九二〇年六月以前であることがわかる。

本来、南洋を根城にして「活躍」していたはずの彼が、どうして、北のシベリアくんだりまで出かけ、かつ、どうした事情から「非業の最後を遂げ」ねばならなかったのか。彼の死にざまがどんなものであったか、私としても、興味をそそがれる所である。そこで、私なりにいろいろ調べてみた(例えば、尼港事件に巻きこまれて遭難したのではなかろうかなど)。しかし、残念ながら、多田亀吉の死に関する史料は全く発見できなかった。

4　新史料の発見

前述したように、最初に紹介した少女たちの告発の手紙Aと、約二ケ月に掲載された取り消しを求める手紙B及びCの二つがあったが、当初の段階では、どちらが正しいのか、判断がつきかねた。

しかし、やがて、真相が明らかになる日がやってくる。即ち、事件から約四年経過した、一九一一年四月二十五日発行の『長崎新聞』の記事（「◎憐むべき密航婦」二十）は、今回の事件は、「其当時、同地方の誘拐者の親玉株として、亀吉と肩を並べし○田△△」なるものが、「卑劣なる手段に出でて、亀吉を陥れんとした」ものであったと暴露したのである。要するに、「からゆきさん」を密航させる人買い業者の間に争いがあって、最初に新聞に大きく紹介された手紙Aは、多田亀吉に敵対する別のグループが、彼を陥れるためにしくんだ謀略だったのである。

ここまで真相を暴露したにもかかわらず、この記事の筆者は、多田亀吉を陥れたグループのトップの名前を明らかにしていない。ただ、「○田△△」と記すだけである。おそらく、実名を記すことは、この段階でも、まだ、いろいろ支障があって、はばかられたのであろう。次は、新発見の史料たる『長崎新聞』の記事である。

「◎憐むべき密航婦（二十）船中の大犯罪 ▲女性の哀訴状 ▲亀吉、御用となる ▲人道の

大敵
（前略）乃で、新聞社は是れ容易ならざる事なりとして、取敢へず右の哀訴状を新聞に掲げ、其筋に向って注意を促すと共に、イッポウの方にも其新聞を送って、尚ほ詳細なる続報を得度しと云ひ送り、続いて、紙上には「渠の所在を捜索して取調べよ。是れ人道の大罪人なり。一日も社会に放置すべからず」と絶叫して、一生懸命、書き立てた。
此時、長崎新報にも同様の哀訴状が到着したと見へ、新報でも盛んに是れを議論するので、其筋も黙って置けず、（中略）
処が、何ぞ知らん。後とで能く能く調べて見たら、彼の哀訴状は全く亀吉に反対なる或者が、亀吉を陥擠する為に拵らへたる一種の中傷であると判った。其の反対者と云ふは本県下北高来郡の生れで、其当時、同地方の誘拐者の親玉株として、亀吉と肩を列べし○田△△であったのである。
○田は最初、亀吉の為には親分なり兄貴分なりであったが、二三年の中に隆々として売出したる亀吉の勢力が○田を凌がんとする形勢となったので、親玉にも似合はぬ狭量なる○田は卑劣なる手段に出でて、亀吉を陥れんとしたのであった。
が、幸ひにも、新聞紙上に載った事は事実無根と判明したので、亀吉は晴天白日の身になる事が出来、間もなく、長崎を去った。

されば、裁判所が放免した位の亀吉を、世間が今でも誘拐者の親玉だと目して居るのは変なものだ。亀吉には新聞に出た事とは違った方に誘拐の事実があるのではあるまいか？　此の亀吉が無罪で帰って○田の中傷と判った時が面白い。正に馬来半島、デングリ返らん許りの椿事が起ろうとした。」(『長崎新聞』、一九一一年四月二十五日)

「◎憐むべき密航婦(廿一) 新嘉坡の俠客 △ヤット和解 △謝罪広告 △契約不履行 △仲買人

大椿事とは外でもない。亀吉が無罪でペライッポウに帰って見ると、彼の哀訴状は亀吉を讒訴する為に、○田の手から新聞社に送ったものと判ったのである。其時、亀吉は非常に怒って、○田を相手に一喧嘩せん積りで、用意を整へ、馬来半島、今にも一大修羅場と変ぜんとしたが、時なる哉。

新嘉坡の俠客某(当時、反物屋をして居った)が是れを伝へ聞き、そは由々しき大事なりとて、直ちにペライッポウに来て、種々、調停の労を取り、ヤット、或る条件の下に和解さした。其の和解の条件と云ふのは、門外者は誰も知らぬが、○田が内地の新聞紙上に謝罪広告をすると云ふのも其一ツにあったとかで、両人は相携へて内地に来たが、イザとなって、亀吉から申出でた新聞紙の指定数が甚だ多く、広告料が金一万円にも上ったので、如何な○田も不承知を云ひ出し、其揚句、○田は約束を履まずして自分の姿を隠して仕舞った。

其後、亀吉は已むなく、イッポウに帰ったが、○田の方は帰って来ず、遂に両人間の出入は永久に調停が成らず、現在も其儘、残って居ると。此の話の真偽は知らぬが、兎に角、噂のあるまま加へて置く。」(『長崎新聞』、一九一一年四月二十六日)

また、事件の後、偶然なことから、多田亀吉と同じ汽船に乗り合わせ、彼から詳しい身の上話を聞くことができた人がいる。次にその文を紹介する。直接、多田亀吉という名前は出てこないが、話の内容（例えば、顔にアバタがあるなどの身体的特徴まで含め）から、まちがいなく多田亀吉であることがわかる。

「三〇、醜業婦の親玉

一見して其人だなと思った。『ラブアンから密航業の親玉とでも云ふべき人が乗船するだらう。五十格好の顔に痘痕の有る男だ』と教へられて来たから、一見して其人だなと思った。食堂の隅で、『日下開山相撲の誉』とか云ふ講談本を耽読して居た。

小さいけれども頑健な体格と、痘痕で引き締った顔とは、一見して博徒式、或は侠客風と云った様な感じを人に与える。明白な、率直な、大胆な、愉快な男で、皺枯れた太い声で善く喋舌る。少しもいやみの無い男らしい男だ。

いろいろな事から始って遂に密航の事に移った。初めて志を立てて密航の周旋をやって失敗した事から、四本檣の外国の大きい船を口の津沖に停船さして、五十人の密航婦を連れ込んで一昼夜、航海した後に、水夫と火夫の喧嘩から船が長崎へ引返したので、途中で身を投げ海を泳いで難を遁れた事、其後、二十九人の密航婦を連れてペラへ行った時、金主の一人との喧嘩から『謀殺、強姦、檻禁、幼者誘拐、移民保護法違反』と云ふ罪名の下に重罪犯として捕縛された事、其の時、日本中の新聞から『百八十人の乾分を有し、世界を股にかけて密航婦の周旋をする、一見、華族風をして、到る所に二名以上の妾を蓄へ、神出鬼没、天地間不思議の怪物』、と書き立てられ、小説に作られ、芝居に仕組まれた事、殆んど一生の履歴を残す所無く、又、隠す所無く語った。

『私は無学文盲で何も知らないが、私の商売が善くない事だ、卑しい事だと云ふ事は熟々存じて居る。だから、私は正業に就いて居る日本人の家などへは、裏口からでも入ることを遠慮して居る。』と言って居るが、随分、出洒張らない事も無いらしい。

然し、其の出洒張る時は多く弱きを扶け強きに抗せんとする時で、其んな時は火の中へでも水の中へでも飛び込む。殊に毛唐の腰弁共が弱い商売と侮って無法非理を敢てする事が稀で無いが、其んな時に彼は猛然として起って、此と戦ふ。

其んな時には全く自分の利害が眼中に無く、常に人を扶くるが為めに今でも素寒貧だから、或る方面の人々は非常に彼を徳として居ると言ふ事を、自分は彼自身の口からでは無く耳にして居る。今は彼は従前の商売をやめて正業に従事して居る。(中略)

彼が志を立てた所以を聞き彼の為す所を察し、彼が終世の目的とする所は『小金が蓄ったなら故国へ帰って慈善事業で餘世を送らう』と言ふ所を聞いて見るに、彼の一族には一種異なった血が流れて居るに違ひ無い。」(大野恭平・佐藤四郎著『南国』、一九一五年、五七六頁)

この本の刊行が一九一五年である。おそらく、多田亀吉はこの時期までは生存していたのであろう。この後、シベリアに赴き、そこで殺されたのであろう。そうである以上、「小金が蓄ったなら故国へ帰って慈善事業で餘世を送らう」という彼の終世の目的は、結局、達せられなかったわけである。

また、次の史料によれば、多田亀吉はもともと船員であったが、密航の「加勢をしたのが縁とな」って、「誘拐者の群に投じたものであ」るという。彼の経歴を物語る数少ない史料として貴重である。

「船員は誘拐者の十中四乃至六を占めて居る。彼の醜名を天下に鳴らした多田亀吉も船員上りの一人であった。亀吉こそは誘拐者の本当の親玉である。彼れは明治四十年(であったか)、門司で其筋に逮捕され当地の裁判所に廻はされて来たので、長崎の人は能く御存じと思ふが、十三の時から船乗になって、板子一枚、下は地獄の生活をして居る中に、屢々、誘拐者に買収されて醜業婦密送の加勢をしたのが縁となり、遂に船乗を廃めて誘拐者の群に投じたものであった。」(『長崎新聞』、一九一一年四月二十三日)

5　事件の解明

まず、○田△△と表現されている人物を明らかにする作業である。彼は長崎県「北高来郡の生れで、其当時、同地方の誘拐者の親玉株として、亀吉と肩を列べ」ていたという。また、彼はマレイ半島ペラ州イッポーに住んでいたようである。これは前記の史料の次の記述から、判断される。即ち、「亀吉が無罪でペライッポウに帰って見ると」とか、「新嘉坡の侠客某」が「直ちにペライッポウに来て、種々、調停の労を取り」とか、「其後、亀吉は已むなく、イッポウに帰ったが、○田の方は帰って来ず」等である。

また、前掲の多田亀吉の会見記では、「其後、二十九人の密航婦を連れてペラへ行った時、金主の一人との喧嘩から——捕縛された」と述べている。

こういった、いくつかの史料から、○田△△△なる人物はペラ州イッポーに住んでいたと私は推察する。また、彼は「からゆきさん」の密航に関与するような立場の人間でもあった。そして、名字が二文字で、二字目に田の字がつき、名前が三文字の男ということになる。この条件に該当するような人物が果たして存在するであろうか。

私は、山田豊三郎をあげる。まず、彼は名字が二文字で、二字目に田の字がつき、しかも、名前が三文字という条件にぴったりあてはまる。だいたい、彼はイッポー在留の日本人の中ではよく知られていた人物であった。

山田豊三郎は、一方で、ペラ州タパー、パハンロードにある山田ゴム園の園主として名を成していた（河野公平著『南洋総覧』、一九二〇年、巻末にある広告欄、一一六頁）。しかし、その彼も、裏の社会では、「十三軒からの女郎屋を持ち百人も娘を抱へてゐたと云ふ　一保の山田」（前掲、南洋及日本人社『シンガポールを中心に同胞活躍、南洋の五十年』、一五二頁）とあるように、女郎屋（それも、かなり大規模な）の経営者であった。

残念ながら、山田豊三郎の詳しい経歴はわからない。しかし、一九〇七年に多田亀吉を陥れた

○田△△△なる人物こそは、彼であると断定しても、まず、まちがいはあるまい。
以上のような考察から、最初に紹介された手紙Aはデッチアゲであって、あとから、取消しを申し入れてきた手紙B及びCのほうが正しかったことが判明する。たしかに、多田亀吉は「からゆきさん」の密航にかかわる誘拐業者の一方の大親分として、それまで、ずいぶん、ひどいことをしてきたのであろうが、しかし、今回の密航婦「虐殺」事件に限れば、事件がデッチアゲである以上、彼の釈放は当然の処置であった。
たしかに多田亀吉を釈放したことは釈放したが、次の史料がいみじくも述べているように、今回、彼を、長期間取り調べたことで、官憲側は「からゆきさん」の密航に従事する人々（いわゆる誘拐業者）の実態について、かなり深い「特種の知識」を得ることができたはずである。これこそ、今回の事件のさし当りの副産物と呼ぶべきものであった。

「彼れが逮捕されたのは（後にも云ふが）、其年の正月に当地で発行する鎮西日報、長崎新報（其後、二新聞共に潰れた）紙上に、彼れに関する記事が載ったからで、警察や裁判所が吃驚して、彼れを逮捕したのであったが、取り調べの結果、証拠が十分ないと云ふので、無罪放免するの外なく、直ちに釈放されたけれども、其当時、彼れの聴取書は警官と裁判所とに特種の知識を与ゆる材料となった――と後とで聞た。」（『長崎新聞』、一九一一年四月二十三日）

また、虐殺されたという少女を含め、残りの七名の少女の名前や年齢、住所も、手紙Aに具体的に記されていたが、彼女たちが実在したかどうか疑わしい（さきに指摘した少女たちの名前などが理由なく途中で変更された件も、もともと彼女たちの存在自体が虚構だったことが影響していたかもしれない。）。本当は、当初、手紙Aを受け取った『鎮西日報』などの長崎の新聞社が、少女たちの出身地に行って、家族をたずね、ウラを取っておくべきであった。それを怠り、そのまま投書を転載してしまったのは、現在から見れば、ジャーナリズムとして、いささか軽率であったと非難されてもしかたがあるまい。

結局、少女たちが手紙Aの中で訴えた密航帰「虐殺」事件なるものは、多田亀吉を陥れるための、デッチアゲであったことが明らかになった。たしかに事件はデッチアゲであったが、しかし、手紙Aに書かれた内容自体は、当時の「からゆきさん」の密航の状況をよく知っている者でなければ、到底、書けないものを多く含んでいた。だからこそ、当初、人々の関心と同情を誘い、全国レベルで一大センセーションを巻きおこせたのである。

本当にそれが嘘っぽいものならば、多くの人々は信用せず、こんなに大きな評判になるはずがなかった。少女たちが手紙Aで訴える内容が、いかにも、当時の人たちにとって、日頃、なんとなく聞いていた「からゆきさん」の密航の状況とほぼ適合していたので、この話を信用し、哀れな娘を絞殺して死体を海にほうりこんだ多田亀吉たちに対して、大きな怒りが向けられたのである。

『鎮西日報』は、前述の取り消しを求める二通の手紙B及びCを紹介する時、同時に多田亀吉一派から、最初の手紙Aを書いたと疑われ、困っているという、マレイ半島ペラ州タイピン市在留の一婦人からの手紙も紹介している。その手紙の中で、「御社新聞紙上に記載の事実は正確にして事実を穿ち居る」とか、また、「斯く隠れたる悪事を暴き、且つ正確にして、遺漏なき真相を記されては」とあって、最初の手紙が、当時の「からゆきさん」の密航をめぐる状況を、かなり正確に伝えていることを告白していて、興味がある。次にそれを示す。

「先般、御社新聞紙上に記載の事実は正確にして事実を穿ち居る為めに、多田密航者と一昨年頃より関係せし私等まで、投書者ならんと疑がはれ、大いに困じ候次第なり。然れども、斯く隠れたる悪事を暴き、且つ正確にして、遺漏なき真相を記されては、冤の罪を着せられて困り居る私、有る事を、世間に知らせ被下度候。」（『鎮西日報』、一九〇七年三月二十二日）

また、最初の少女たちの告発の手紙Aでは神戸の水上警察（現在の出入国管理局である）が、多田亀吉と密かに結託しているということを暴いている。そこの部分を再掲する。

「其者の言に依れば、此度は神戸より仏国郵船にて上海行切符なりしも、船中にて買替へ候よし。神戸出帆の節は水上警察の巡査と多田とは、何か暗号にて諜し合せ居り。其の時、聯合せし悪人は大野某、藤田某と申す神戸人にて、何れも神戸に巣を張り居候由。」

手紙Aが、本当に哀れな少女たちが書いたものではなく、多田亀吉に敵対する誘拐業者の側の手によって書かれたものであることが明らかになった段階で、この部分をよくよく読んでみると、今までとは違った感想を持つようになる。

手紙Aは、現在、一緒の店にいるようになった一人の娘の話として、この神戸港での出来事を記している。しかし、この内容は、考えてみれば、今回の密航中の「虐殺」事件とは無関係である。なにも、この話をつけ加える必然性はない。要するに蛇足の部分である。にもかかわらず、この話をつけ加えているのには、なにか別の目的があったと判断せざるをえない。以下、私なりに、その目的なるものを推理してみたい。

彼らは、たしかに、神戸の水上警察の連中が多田亀吉に籠絡されて、多田亀吉たちの所業を見て見ぬふりをしているのを、同じ仲間として、よく知っていたのである。ところが、彼らの側は、神戸の水上警察とは、まだ連絡がついておらず、その点では、悔しい思いをしていたのであろう。そこで、手紙Aで多田亀吉を陥れるついでに、神戸の水上警察のことも少し触れ、日頃の無念の思いの一部を晴らそうとしたのではなかろうか。

また、神戸における多田亀吉の協力者として、「大野某、藤田某」の二人の名前をあげている。これも同じ目的であろう。手紙で訴えている全体の趣旨は虚構であるが、こういった細部は事実であって、この二人も実在の人物であると私は推理する。要するに、手紙Aの中に書き加えることで、彼ら二人にも打撃を与えようとしたのである。

6　大師堂の天如塔をめぐる玉垣

長崎県島原市に、大師堂という、全国的にも珍しい「からゆきさん」ゆかりのお寺がある。私は『島原のからゆきさん——奇僧・広田言証と大師堂』（一九九三年、共栄書房）という本を書き、開祖の広田言証師と大師堂のことを記したので、詳しくはそちらを参照されたい。大師堂の境内に天如塔という八角形をした木造の塔がある。この塔は「からゆきさん」の寄進によって、一九一〇年に建立されたものである。天如塔の周囲にめぐらされた石の玉垣に一九〇余人の名前が刻まれているが、その中に東南アジア方面の「からゆきさん」の名前が多く見られる。

さきに取消しを求めてきた手紙を二通、紹介した。そのうち、二通目のほう（手紙C）は、イッポー在住の本物の愛国婦人会の代表三人が連名で出したもので、最初に届けられた少女たちの告発の手紙Aで伝えられたような事実はなく、全くのデタラメだと主張するものであった。この代表三人のうち、最後の三人目に「中村トク」の名前がある。彼女に関係する所だけ紹介する。

「原籍、長崎市◎◎◎◎◎◎◎◎◎番戸。現住所、同上。明治三十八年二月二十日、長崎支部入会特別会員（代書）　中村トク　印」

興味深いことに、彼女の名前が、天如塔をめぐる玉垣に刻まれている（「仝　五円　仝　中村トク」）。最初の「仝」は「金」である。次の「仝」は並びからして「イッポー」である。中村トクについては、ほかに史料を見つけられなかったので、前掲の新聞記事から推察するだけである。愛国婦人会の特別会員になっている以上、彼女は、一九〇七年当時、マレー半島イッポーの日本人社会では、かなり成功をおさめた有力者であった。ほぼ同じ時期に、同地を訪れた広田言証師に、彼女が五円、寄進したことを示している。

また、私は、さきに述べたように、多田亀吉を陥れた〇田△△を山田豊三郎ではないかと推察した。この山田豊三郎の名前も天如塔の玉垣に刻まれている（「仝　五円　一ポウ　山田豊三郎」）。イッポーで女郎屋を手びろく営んでいた山田豊三郎もまた、広田言証師に五円、寄進しているのである。

天如塔を囲む玉垣には、このように今回の事件に関与した人物の名前まで刻まれている。大師堂が「からゆきさん」ゆかりの遺跡であることを証明して、面目躍如たるものがあるではないか。

第六章　大連の人喰い虎の伝説

はじめに

大連は、もともと青泥窪《せいでいわ》という名の寒村に過ぎなかった。ロシアがそこに港湾都市を建設し、ダルニーと名づけた。日露戦争の時、ロシア側は街をほとんど破壊せずに旅順に撤退したので、ダルニーはほぼ無傷で日本の支配下に入る。日本が大連と改称した。

このように、大連は本来、ロシアが作った都市なので、当初からヨーロッパ流に市中に公園がいくつか配置されていた。西公園もその一つである。当時、同公園は小規模な動物園の性格も具えていたようで、何種類かの動物が飼われていた。その中に、本稿で扱う虎もいた。

ロシア側が退去する際、同公園の虎もそのままにしていったので、以後、虎は日本側に飼われることになった。この虎には、ロシア治下の時代に日本婦人を食ったという風説があった。そのため、虎は一躍、当時の大連を代表する名物になる。

多くの人々が、随分長く、真偽をあいまいにさせたまま、この風説を話題にしてきた。驚いたことに、現在でもなお、その風説をなかば信じている人がいるほどである。しかし、この風説は当然のことながら、根も葉もないデマであった。

本稿では、まず、この風説がどのようにして生まれ、かつ流布されていったのかを、具体的な史料に当たりながら見てゆく。次に、かくも長く、かつ、強固にそれが存続しえた理由を解明しようというものである。

1　発端

日本軍が、ダルニー（大連）を占領したのは、一九〇四年五月末のことであった。その後、遼東半島における戦いの中心は、旅順要塞の攻防戦に移っていった。このような戦況の時、次に紹介する記事が、新聞に報道される。話の真偽は不明としても、興味深い内容なので、いくつかの新聞に掲載される。

【A】「●猛虎、日本婦人を喰ふ　露人の残虐　露国人の残忍酷薄なるは、爾来、内外人の共に顰眉する所なるが、昨日、在青泥窪、某将校より東京の知人に送達したる近信の一節に左の惨話あり。曰く

（前略）上陸後、益々健全に候。当地、日中の極暑は屋外にて百二十度位の事、有之候得共、何れも元気、日増に加ふる有様に候。

余等は、前露国将官某の宅に宿泊し、三層楼の最下層を以て事務室に宛て、第二層を以て余等の居室と致居候。居室には一脚二千円より三千円位の椅子、寝台等、有之。右に準じ、何れも高価なる贅沢品、沢山、相見え申候。

余の居室より程近き所に有名なる公園、有之。中に動物園の設備も完全し、公園の設計費のみにても、二三千留《ルーブル》を要したるべく、計算致され候。

茲に、一の惨話を申上ぐる事、余等の甚だ不快とする所なれど、露国の本性、夙《つと》に此にありて、決して開戦に関せず、其以前より斯る残忍の事を為したるの事実を社会に告知し度く、大略、左に申上候。

余等の住居する現在、三層楼の前主人は、露国の将官にして、日本婦人二名を妾として蓄へ、鍾愛、一方ならず、昼夜、座側を離さざる有様なりしが、日露の時局、追々に切迫したりとの風説、当地に伝はりたる頃より、彼の二名の妾は、心、甚だ安からず、平生、残酷の露国人なれば、此際、如何なる害を加へらるるやも謀る可らずとて、一夜、窃かに逃逸を謀りしに、不幸にして、主人公の追捕する所と為り、二人共、直に同公園動物園に飼ひ在る大虎の檻の中に投ぜられ、見る間に猛獣の餌食と為り了んぬ。

彼の主人公は、幕僚に私語して、先づ先づヤポンスキーの血祭を為して快心なりと云へり。昨夜と言はず、其日迄、鍾愛、其傍を離さざりし愛妾を、猛獣の餌に供するが如きに至ては、到底、人心ある者の為し能はざる惨話なりとて、前代より引続き雇ひ居り候支那人某は、涙ながら目撃談を陳述致候。

同胞の為め、一掬の涙を惜しまざるを得ざる義と存じ候。（後略）」（『読売新聞』、一九〇四年七月二五日、なお、同じ日の『東京朝日新聞』にも、ほとんど同じ内容の記事が掲載されている。ただ、冒頭の数行の部分に限ると、前者のほうが丁寧に書かれているので、そちらを採用した。）

まず、この記事の全体の構造である。——青泥窪（大連）にいる某将校が、東京の知人に送達した手紙の一節を、新聞が転載する。もちろん、某将校の名前はわからない。また、彼は、この事件を実際に見聞していない。「前代より引続き雇ひ居り候支那人某」の目撃談を、彼が手紙の中で紹介するという構図になっている。

だから、①（事件を目撃したという）邸に前代から雇われている「支那人某」→②話を大連から手紙で伝えた某将校→③その手紙を転載した内地の新聞という流れになる。とにかく、新聞が自分で直接に取材した記事ではない。「支那人某」の目撃談を、某将校の手紙を経由して、新聞が伝えているのであるから、二重の意味で、伝聞資料にすぎず、真偽を確かめようがない。まさに風説としか呼べない所以《ゆえん》である。

もう少し、この最初の史料を見てみよう。日本軍の大連占領後、話を伝えた日本軍将校は、三階建ての邸宅を住居として与えられる。そこは、以前、ロシアの某将官の邸であった。この邸宅の近くに公園があり、公園には動物園も付随していた。

ロシアの某将官には二人の日本婦人の妾がおり、彼女たちをとても可愛がっていた。ところが、日露戦争の開戦が切迫してくると、彼女たち二人は危害が及ぶのを恐れ、逃亡を謀る。しかし、不幸にして、逃亡に失敗する。捕まった二人は、動物園の虎の檻の中に投ぜられ、虎の餌食にされる。

その様子を、邸に雇われていた中国人の使用人が目撃していた。以前の主人であるロシアの将官が去り、代わって日本軍将校がやって来ると、彼は自分が目撃したことを、新しい主人である日本軍将校に告げたというものである。

まず、日露戦争のころ、満州の地に日本人売春婦（からゆきさん）がかなり多く入り込んでいたことが、この話の前提になる。というか、少なくとも、そのことを知らなければ、この話ははなから成立するはずのないものである。

彼女たちの中には、ロシア人や中国人の妻妾になる者もあった。中国人が相手の場合、多くは妻になった。しかし、ロシア人の場合、彼らの多くは、妻子を遠くヨーロッパ・ロシアに置いて、単身でシベリヤに赴任して来ていた。そこで、彼らは、日本人女性を、いわば現地妻、すなわち、妾として遇することが多かった。ロシア人の妾になった日本人女性を、日本側は「露妾《ろしょう》」と呼んだ。

風説の中で、虎の餌食になる二人の日本人女性は、ロシア将官の妾であった。だから、「露妾」になる。ただ、通常、妾とするのは一人である。この場合、二人も妾にしているのは珍しい――というのが率直な印象である。

もう一つ重要な要素は虎である。大連の西公園に虎が飼われていることを知っている必要がある。もちろん、自分で直接、見なくても、誰かからの伝聞でもかまわないのであるが、私としては、作者はやはり、自分で直接、虎を見ていると考えたい。

その意味からすると、この記事が伝えているように、手紙を書いたのは、やはり、ダルニーに進駐した将校である可能性が高くなる。というのは、ダルニー占領が五月末で、記事が掲載された新聞の出たのが七月二五日であった。この期間、新占領地のダルニー（大連）に入れたのは軍人に限られていたからである。

ダルニーに進駐した某将校が、ある日、みずから西公園に足を運ぶ。そこで、思いがけず、シベリア虎の雄姿を目のあたりに見、また、その咆哮をその耳で聞く。その驚愕から、彼は、手紙に記した一つの物語（すなわち、露妾であった日本人女性が、無残にも、この虎の餌食になるという。）のインスピレーションを得たと――私は勝手に夢想したい。話の内容はショッキングなものであったが、しかし、記事自体には格別、矛盾があるわけではない。だから、この記事を読んだだけでは、全くありえない話として、全面的に否定もできなかったはずである。おそらく、半信半疑の状態ではなかったろうか。

しかし、その後の経過を仔細に検討してゆけば、この風説は、到底、事実ではありえないことが、明らかになってくる。

この手紙を紹介した各新聞は、いずれも、いわゆる「追っかけ」記事として、たしかに西公園の虎については現地取材に基づき、その後、いくつか報道している。しかし、もう一方の手紙の差出人である某将校や、事件の目撃者という中国人のほうは、「追っかけ」ていない。彼らを探しだし、事件の真偽をたしかめ、さらに彼らから、もっと詳しく事件の様子を聞き出すという、新聞記者ならば当然なすべき仕事を一切、やっていない。

大連で、もともとロシア将官の邸宅であった三階建てで、しかも虎が飼われていた西公園から比較的近くにある建物といえば、かなり限定される。探し出すのが、それほど難しいとは思われない。また、手紙を書いた日本軍の将校は、長くはそこに逗留せず、別の任地に移っていったかもしれない。しかし、事件の目撃者である、邸の使用人の中国人は残っている可能性が高い。だから、彼を探し出して、ウラを取るべきであった。

各新聞が、当然、やるべきこの仕事をやっていないのは、やらなかったのではなく、やろうと思ってもできなかったのだと、私は理解したい。すなわち、手紙の内容がフィクション（虚構）であったから、事件の目撃者である邸の使用人の中国人など、初めから、いなかったのである。ひょっとすると、もとロシア将官の邸宅であった三階建ての建物さえ、空想の産物の可能性すらある。

事件を伝える記事そのものがフィクションだったならば、その後、新聞記者が事件のウラを取ろうと、いくら「追っかけ」取材しても、それはムダであった。

2　戦争中、および戦争直後の時期

まず、事件を絵にしたものが出てくる。雑誌のグラビアのページに大きく描かれた絵である（『戦時画報』、一八号、一九〇四年八月一〇日、グラビアの頁。図1）。作者は、まだ実際に虎を見ていないので、前掲の新聞記事だけを材料にして、いわば想像で描いている。そのため、三匹の虎が、和服を着た二人の日本人女性にまさに襲いかかろうとする絵になっている。後述するように、実際には虎は一匹だけであった。

新聞記事には、「二人共、――大虎の檻の中に投ぜられ、見る間に猛獣の餌食と為り了んぬ。」とある。いくら小柄とはいえ、二人の大人の女性を、「見る間に」餌食とするには、三匹ぐらいの虎が必要だろうと、作者は判断したのである。いかにも妥当な判断である。逆にいえば、一匹

図1『戦時画報』、18号、1904年8月10日

の虎だけでは、二人の日本人女性を、「見る間に」餌食とするのには無理がある。先ほど、記事自体には矛盾がないと述べた。しかし、細かい所であるが、ここの所が多少、ぎごちない感じを受ける。

ダルニー（大連）占領後、しばらくして、軍は従軍記者一行の上陸を許す。彼らは、上陸すると、すぐさま西公園の虎を見にゆく。『大阪朝日新聞』の同じ日に、虎の実見談が二つ掲載される。

【B】「金州半島より（一）八月五日　青泥窪にて特派員　半井桃水（中略）午後、東の公園に遊ぶ。園中、樹木多く、雌雄の熊と一疋の老虎を見る。虎は曾て我紙上に掲げたることもある、露国人が我醜業婦を食はしめしといふもの、是なり。獰猛の姿、怖しく、人を見て吼ゆる状、身の毛も悚立つ許りなり。虎の獰猛なる憎むべし。露人の兇悪なる、更に憎むべし。」（『大阪朝日新聞』、一九〇四年八月二三日）

【C】「●日本婦人を喰いし青泥窪の虎　露国人某の妾となり居たる日本婦人が、開戦後、密に本国に逃れんとしたるを怒り、青泥窪公園に飼養し居れる猛虎の餌に供したりとの惨事は、日外の紙上にも掲げたるが、右の嫌疑を蒙りたる虎は今も尚、健在なり。

大さは上野動物園の虎よりも餘程大く、肥満せり。日本婦人を喰ひたれば、斯く美麗に肥ゐ居れるならんと称せらる。

日本の人夫などが見て、『コン畜生』が日本人を喰ふたかと叫び、石を投げなどする者多ければ、○○○は此程、『此度、宮内省に献納すべき者なれば、決して粗末にすべからず』との高札を建てたり。右の虎は飼人に馴れ居れりとぞ。又、同園には雌雄の珍らしき熊あり。不日、東京に送り、一応、宮内省に献じ、更に上野公園に下付あるべしと云ふ。」（『大阪朝日新聞』、一九〇四年八月二三日）

まず、【B】の著者の半井桃水は、その当時の有名な小説家で、樋口一葉の師匠としても知られている人物である。この時、彼は従軍記者の一人として出かけていたのである。二つの史料から、占領直後にもうすでに、虎が日本婦人を喰ったという風説が成立していたことがわかる。

『戦時画報』の左翼軍附特派員、蘆原緑子は、虎の檻と見物客を描く（『戦時画報』、五一号、一九〇五年五月二〇日。図2）。虎の檻が頑丈そうなことが、この絵からわかる。図3は、それから半年ほど遅れた時期の虎の檻の写真である（『満州みやげ』、第一輯、盛和洋行、一九〇五年一一月、一〇頁、ダルニーの虎檻）。

前の絵では見物人は辮髪姿の中国人を含め十人程度に過ぎなかったが、この写真では、檻からもっと距離をとって撮影しているためか、数十名の軍服姿の見物人が小さく写っている。また、公園の木々が枯れているので、季節は冬か早春である。とにかく、だだっぴろい公園の中に、虎の檻がポツンとあることがわかる。たしかに別の史料が指摘していたように、当時、虎の檻のあった辺りは寂しい所であった。

図2　『戦時画報』51号、1905年5月

図3　『満州みやげ』第一輯、盛和洋行、1905年11月

また、虎が有名だったことから、西公園（後に中央公園と改称）は、いつからか虎公園と呼ばれるようになった。一九〇六年八月一二日の『満州日報』（ただし、営口で発行されていたもの）に、すでに虎公園の語句が出てくる。

次は、戦争から五年ほどたった時点で、当時を回顧したものである。日露戦争直後の、虎の様子が生き生きと述べられている。

【D】「虎公園は、其当時、全市の人気を背負って立ち、露軍滞在中、日本婦人を喰殺したと伝へられた一疋の猛虎が、凡ての赤毛布連《あかげっとれん》を吸集した。

今は立派な信濃町通りも、其頃は殺風景な露西亜式家屋が、彼方に三軒、此方に四軒。町と云ふより、寧ろ野原を過ぎて、虎公園に到れば、雑木の枝は茂るに任せ、通路に散在するごろ石は、靴底も一度で破れるかと思はれた。

園の中央に据付けた鉄檻の周囲に立つ見物は、支那人六分に日本人四分。格子戸を透して、猛虎、何処に在りやと物色すれば、遥々、見に来た人の気も察せずに、檻の一隅に横臥して、心地好げに昼寝の最中。

傍らの制札には、墨くろぐろと「虎に投石すべからず」と記されてある。成程、此奴が人を殺ったとすれば、何んとなく寝顔迄、憎くなり、誰れ投ぐるともなき石礫は、美事、命中したが、中々起きぬ。

向ひ側の鉄柵内に飼養された雌雄の熊は、虎の代理を頼まれたのか、切りに愛嬌を振りま

いて居た。」（無涯生「青泥窪の回顧」、『満州日日新聞』、一九一〇年一一月三日）

以上、虎のことを扱った三つの史料を紹介したが、いずれも虎が日本婦人を喰ったという風説に対して、事実ではないとキッパリ否定していない。肝心な所をあいまいなままにすませているのが特徴である。これでは、多くの人の中には、風説を実際のことと誤解する者が出てくるのは当然であった。

彼らは、喰い殺された同胞の婦人の仇を取るつもりで、檻の中の虎めがけて、投石を繰り返した。虎からすれば、まことに、いい災難であった。しかし、虎はものが言えないから、弁明できず、黙って彼らの投石に耐えねばならなかった。ああ、気の毒な虎！

3 風説の変容

一方、戦争末期には早くも風説の中身が変ってくる。次の史料がその変容の方向を指し示している。

【E】「端書《ハガキ》小説　ダルニーの虎　陸軍大尉　牧牛

闇を破って、低くかすかな一声。『愛子！』やがて人の歩む如き気配、それも氷を踏むかの様に抜足さし足、何者とも知れず婦人の声。『清さんですか。確に之を。』『有り難う。』

此答は清なる人の口より出たのであらう。闇夜は再び静かなる眠りについた。最早、何の音もしない。さても、愛子は、清は、何ものであらうか。

＊　＊　＊

烈火の如く怒れる容貌は、常から温かならぬ風采を一倍凄からしめ、肥満せる休を椅子に横へて、殺気満ちたる眼光をぎろつかす男は、青泥窪の軍政局長大佐イヤガラレーと云ふ露西亜人である。その目前に引出され、両手を縛せられた婦人は、イヤガラレー大佐の妾・愛子と云ふ日本婦人である。大佐は徐に口を開た。其詞は全く愛子の死刑宣告であった。其意味を訳すると、

悪むべき愛子よ。汝は我秘密地図を盗み、汝の情夫たる日本労働者に与へたるにより、予は汝を我飼養する虎の檻に投ず。

さても恐るべき無残の宣告である。愛子は既に観念して何事も言はない。やがて、悲惨なる婦人の叫びが虎の檻の中で発せられた。

＊　＊　＊

時は明治三十八年八月、日露戦争も既に大局に近づき、日軍、連戦連勝、戦略悉く図に当り、交戦の最初に占領されたダルニー市、今は兵站主地として人馬織るが如く、其西南隅の公園内に、露人の遺留せる一匹の虎を見る為め、人出甚盛である。

或日、一人の紳士が其虎を見て、潸《さん》然として泣て、予に此物語りをした。此紳士、名は手柄清太郎、昔、ダルニーの労働者に化けた国事探偵である。」（『婦女新聞』、二八一号、一九

○五年九月二五日)

端書(ハガキ)小説とは、ハガキ程度の大きさに書いた小説という意味であろうか。筆者は「陸軍大尉　牧牛」とある。もちろん、牧牛はペンネームであろうが、陸軍大尉というのは別に嘘をついているわけではなかろう。現役の将校が、当時、大連で有名だった「日本婦人を喰った虎」の話を、要領よくまとめて(かつ、内容に変更を加えて)、『婦女新聞』に投稿したものと見たい。

ハガキ小説というぐらいであるから、全体の分量はごく少ない。しかし、話の中身は大きく変容している。すなわち、当初の手紙の内容から離れ、かなり自由に想像にまかせて、筆を運んでいる。全体として、物語的要素を豊かにする方向に潤色している。

まず、殺される日本婦人について、三つの変化がある。①二人から一人に減じる。②初めて愛子という名前がつけられる。③露妾から女軍事探偵に変わる。——また、彼女の相棒として国事探偵・手柄清太郎も登場する。

彼女が虎の檻に投じられて殺された理由も変わる。すなわち、露妾が逃亡に失敗したから、女軍事探偵が秘密地図を盗んだになる。とにかく、女軍事探偵に変わった点が変化の核心である。秘密地図を盗んだ女軍事探偵が二人もいたのでは都合が悪いので、まず、一人に減らす。そして、殺される日本婦人に、初めて愛子という名前がつけられる。悲劇のヒロインたる、虎に喰い殺される女軍事探偵が、いつまでも名無しの権兵衛のままでは、格好がつかない。それで、とりあえず、姓は不詳として名だけ愛子とつけたのである。また、彼女に、仕事上の協力者がいたほうがよい。それで、手柄清太郎の登場である。

同志の協力のもとに女軍事探偵が命を捨てて任務をまっとうする。――この類の物語は、もうすでに芝居や小説に多く取り上げられていた。そこで、筆者の「陸軍大尉　牧牛」は、こういった物語を下敷きにして、いわば現代の「お伽ばなし」に作り替えている。

戦争中の無聊を慰めるために、気軽に読み流せる逸話として書いたに過ぎなかったから、ふざけて書いている。例えば、イヤガラレー大佐という名前一つ見ても、そのことがわかる。ロシア人にこんな名前があるはずがない。「嫌がられる」という日本語から作られたことは明明白白である。また、国事探偵・手柄清太郎という名前も、「手柄」を立てたということを、あまりに直接的に伝えていて、いかにも、子ども向けの「お伽ばなし」風ではないか。

このように、たわむれに書いたに過ぎないものであったが、しかし、軍国の時代、彼が提起した方向は、人々から広い支持を得る。以後、風説は、このハガキ小説が指し示した方向に変化してゆく。とにかく、このハガキ小説は、一度成立した伝説が、その後どのように変容してゆくかを、明瞭に教えてくれていて、貴重である。

4　虎飼ひ賈吉忠《こきっちゅう》

以上、紹介してきたのは、戦争中か、直後のものであった。その後も、関連する史料は、ひき続いて出てくる。次は、虎の飼育係であった中国人の側から述べている。

【F】「一人一業　虎飼ひ賈吉忠　▲興味深い職業　西公園の公園事務所に賈吉忠と呼ぶ若い支那人がゐる。事務所の裏手の宿舎に当年五十二歳になる母親と二頭の犬を養って、月々貰う給料で暢気に暮してゐるが、彼れの日々の仕事は公園内の羆や猿や狸、鹿などに餌を与える動物飼ひである。

公園内の動物共は彼れの姿さへ見れば獰猛な羆さへ、のそりのそりと檻の奥から出て来て無格好な態にお尻を据ゑ、大きな前脚で鉄格子に縋って喜んで鼻を鳴らす。小心な鹿も彼れのみには怖れないで近寄って来る。狡猾な西蔵猿など彼れの姿を見ると、狂喜して檻の中を跳ね廻る。動物共がそれ程、彼れに狎れる丈けに、彼れは非常に動物を可愛がってゐる。

彼れが宿舎に飼ってゐる犬などは、泥足で無遠慮に彼れの寝床の中に飛上って平気で寝てゐるけれど、彼れは決して怒らない。本来、彼れは餘程の動物好きと見へ、彼の有名な西公園の大虎が生きてゐる頃、他の人は檻の傍にさへ近寄れなんだ恐ろしい猛虎の檻の中に、彼れは平気で入って行き、竹箒で掃除などして悠々と出て来をったけれど、猛虎は決して彼れのみには危害を加へなかったので、彼れの友人共は今でも彼れを呼ぶに虎吉忠と云ってゐる。

▲猛虎を飼狎す　今年廿八歳で未だ女房はない。一生懸命、稼ぎ蓄めて、其内に嫁を迎へる積りだと、支那人の好きな賭博もせずに、母親大事と殊勝に働いてゐるので、事務所の主任阪田氏も可愛がってゐる。生れは天津で、今、籍は芝罘にあるさうだ。十六の時、大連に来て露西亜人に使はれてゐたが、一年計り経って、彼の大虎が公園に来た。

虎は哈爾賓の田舎で支那人が陥穽で、親が一つと子供を二つ捕獲したのを、露助が三千円で買って子供二疋を持って来て、一疋を旅順に一疋を大連に飼ったのだが、之に餌を与る支那人を募ったけれど、誰も恐がって応ずる者がない。

時に動物好の賈吉忠が公園に行って見ると、其時は虎はまだ洋犬位の大さの子供で可愛らしかったから早速、引き受けて虎飼ひになった。

当時、虎の餌食は露西亜人が毎日鉄砲で市中の野犬を撃殺して来をったが、一疋の犬を三日計り懸って食ひをったのが、次第に大きくなるに随って、日々一疋宛、平げるやうになり、二疋三疋と漸次、量が増え、終ひに一日一貫五百目位の獣肉をちょろ舐める頃は、初め小さかった虎が見違へるやうに大くなり、彼れにも漸々狎れて来た。

其内、日露戦争となり、露人は虎を置いて大連を引き揚げ、日本軍が入代って来たが、彼れは虎を残して去るに忍びず、母親と二人で猶、虎を飼ってゐた。然し、月々百餘円も経費のかかってた虎を、日本軍政府で餌を買ってくれるやうになる迄には一通りならぬ苦労をしたもので、牛豚の肉を買ふに銭はなし、野犬を殺すに銃がないので、一頭の野犬を撲殺するにも非常の苦心をした――と彼れは沁々、物語る。

▲剥製を見て泣く　虎が心臓病で斃死したのは一昨年の秋で、彼れはそれ迄、実に十年間も飼ってゐたのであるから、虎の死んだ時は兄弟にでも死なれたやうに愁嘆に掻くれて、遂に悲みの餘り病気となった。虎は死ぬと剥製にすべく、皮を東京に送られた。

賈吉忠は其後、相変らず西公園にゐて、動物を飼ってゐるが、羆や猿などに餌を与る度毎に、一日として虎の事を思出さぬ事はなかったといふ。然るに此程、虎は愈々、剥製が出来上って来て、第三小学校に寄贈された。それと聞いて彼れは、矢も楯も堪らず、阪田氏を強《せ》請《が》むで、学校に連れて行って貰った。

剥製は生けるが如く実に好く出来て、恐ろしい牙、爛々たる目など元の姿に聊かも違はぬが、噫々猛き魂の永久に去った剥製の虎は最早十年間、己れを養ってくれた賈吉忠が来ても喜んだ表情をせぬ。

賈吉忠は虎の傍に突立ったまま暫くは黙然と瞶めてゐたが、軈てハラハラと落涙して、『大人、虎は最う豚、持って来ても喰べるない』と嗚咽しつつ、懐かし相に頭を撫で擦ったり、牙恐ろしく開けた口の中へ手を差入れたりして、情緒綿々、低徊、去るに忍びぬやうな風で、阪田氏も覚へず暗涙を呑んだが、漸く思切らせて賈吉忠を連れ帰ると、今度は彼れの老母がそれを聞いて、自分も是非行って虎に逢ひたいと無理に阪田氏にせがむので、阪田氏は再び老母を学校に連れてゆくと、息子にも増して老母は虎の剥製を懐かしがったといふ。噫、人情の美！　記者は一人一業を忘れて終った。」（『満州日日新聞』、一九一二年四月三日）

虎の飼育係であった中国人・賈吉忠の話はとてもおもしろい。どこの国にも、とびぬけて動物の好きな人がいるものである。私はこういった類の話が大好きである。上掲の史料から、虎の来歴（ハルピンの田舎で、中国人がワナで捕獲したのを、ロシア人が買ってきたもの。）や、日露戦争の時の苦労話、そして、虎の死んだ時期（一九一〇年の秋）と、死因（心臓病）などが、明らかになる。

この記事には、さすがに日本婦人を餌食にしたというような殺伐な話は出てこない。虎が日本婦人を喰い殺したという風説を、否定も肯定もしていない。しかし、虎の飼育係であった賈吉忠の日露戦争の時の苦労話を紹介することで、婉曲的にではあるが、風説を否定しているような感じを受ける。戦争が終わって、七年ほどたっているが、この段階でも、風説を真正面から否定するには、まだ抵抗があったと考えたい。その中で、風説に全く言及していない所に、私はむしろ、この記事の意義を見いだしたい。

5　作り話と初めて言明

死後、剥製になった虎は、大連の第三小学校に寄贈された。同小学校は、その後、常盤小学校、常盤国民学校と名を変えるが、剥製の虎は、引き続いてそこに置かれた。

次は、文筆を業としている者の手によるものだけに、かなり洗練されている(1)。

【G】「丁度、其時、露国極東総督府の一室に、厳重にしまいこまれてあった軍機秘密地図が、いつの間にやら紛失したと云ふ一大事件が勃発した。

露国官憲は一生懸命になって、其軍機秘密地図の行方を捜索したけれども、少しの手がかりもない。事件は益々迷宮に入らんとした時、其嫌疑は当時飛ぶ鳥も落す様な勢力のある、露国極東総督アレキセーフ将軍の愛妾である、安藤テルと云ふ日本美人の上にかかった。種々取調べの結果、とうとう安藤テルは極刑を申渡された。

当時、今の西公園に一疋の猛虎が養はれてあった。

鉄檻の裡で、生血に餓えてゐた猛虎は、鉄の格子で其鋭い爪を磨いて、折からの寒月に嘯いて居た。

憐れにも、安藤テルは衆議の結果、その餓虎のいけにえに上らすことに一決した。そして泣き叫ぶ女を、手とり足取り、虎の檻に投げ込んだ。久しく生物の血に餓えて居た檻の中の虎は、舌なめづりしつつ恐気立って震ひ戦慄いて、正体もないテル女の側に迫った。

やがて一声高く咆哮すると見る間に、鋭い利鎌の様な爪は、白い柔い女の肌に触れた。触れたと思ふ刹那、鮮血はサッと迸ってテル女の身体は、パリ……パリ……と引裂かれてしまったという云ふ事である。

餓虎の犠牲となって、紅い殉難の血潮に咽んで倒れた可憐の大和撫子よ。

それは日露戦争当時、その裏面に絡まる憐れな物語りとして、随分喧伝されたものであった。

此事があって以来、このダルニー公園は虎公園と呼びなされた。其後、此ダルニー公園が日本軍の手に帰して、西公園と改称されたのである。今も尚、西公園の事を虎公園と云ふ人がある。そして、当時血に餓えた猛虎が居たと云ふ古い鉄製の檻が現存して居るのである。

然し、実際かかる涙ぐましい、殉難の血潮で色彩られた悲痛な物語りは、一種の伝説か、或る好事家が面白くロマンチックに拵え上げた、全々架空の物語りに過ぎない。

又、女軍事探偵安藤テル等云ふ女は跡方もない人物だ。えてして戦争中などは、其国民の敵愾心を極度に昂上せしめんがための常用手段として、こういふ風な架空の物語りは、何処でも流布されるものだ。

明治三十七年五月、ダルニーが日本軍の手に占領された当時、今の大連西公園の檻の中には、純露西亜産の猛虎が咆哮して居たのは事実である。

当時の事を知って居る人は次の様な事を物語った。

『誰れが作りあげたか知らぬが、日本の婦人が祖国のため、猛虎の餌食になったなどと云ふ事は、全々架空な物語りに過ぎません。無論、大連が日本軍に占領された当時、左様に面白く潤色され、喧伝された毛並の美しい虎が、ダルニー公園の鉄の檻の中に居たのは事実です。今でも其虎は剥製になって、大連の第三尋常小学校に、標本として飾られて居る筈です。

何しろ、当時のダルニー公園と来たら、実にお粗末千万なものであって、公園とは名のみで何の設備もなく、草茫々たる有様でした。

その雑草の繁茂って居る中に頑丈な鉄の檻のみが淋しく立って居るのでした。

其の檻の裡から、時折物凄い虎の唸り声が、四辺の寂寞を破って響いて来るのを聞く毎に何だか一種異様な感に打たれて居りました。

例の安藤テル女の殉難の事などは、嘘と知り乍ら、淋しい秋の夜の月が、家まばらなダルニー荒原を照らして居る時など、その猛虎の凄い唸り声を聞くと、日露戦争裏面に伝はる哀れな物語りなどを、しみじみ思ひだす事も度々ありました。

確か、その虎は明治四十二年の春二月頃、死んだ筈です。』……

＊　＊　＊　＊

大連第三尋常小学校の標本室に、空しく剥製となって存して居る、その伝説の虎にして、もし霊あって当時の事を観察する事が出来たならば、蓋し感慨無量なるものがあるであらう。」（小林諦亮『大陸ローマンス』、文星堂、一九二四年、一〇九頁）

著者の小林諦亮は、文筆を業としているだけに、同じく風説を記すにしても、完成度が高いという感じを受ける。彼は、前掲のハガキ小説が提起した方向、すなわち、女軍事探偵路線を徹底的に推し進めている。女軍事探偵には、あたかも実在の人物であるかのように、まことしやかに安藤テルという名前までつけられている。しかも、彼女は、なんと露国極東総督アレキセーフ将軍の愛妾にまで「出世」している。アレキセーフは実在の人物であって、実際、日露戦争の時、極東総督であった。たしかに、彼の所ならば、軍機秘密地図もあったことであろう。

文章も、これまで紹介した中では、格段にすぐれている。たとえば、女軍事探偵が虎に喰い殺されるところは、あたかも見てきたかのように真に迫って描写している。

このように、日本婦人を喰った虎の伝説を生き生きと描いている一方、後段の部分で、小林諦亮は、この話が全くの虚構であると、きっぱりと言明している。そこに、あいまいさはない。これまで紹介してきたように、戦争中や直後のものは、みな風説が実話なのか、あるいは単なる作り話なのか、わざと、あいまいなままに残し、ぼかして書いていた。しかし、小林諦亮が書いた段階では、日露戦争が終わって、およそ二十年が過ぎていた。戦争当時の異常な雰囲気は、とっくに消え去っていた。強敵ロシアに対する敵愾心を掻き立てる必要は、もはや、全くなっていた。
　そういう状況の中で、はじめて、風説が作り話に過ぎないと、おおっぴらに言明できる客観的条件が生まれてきたのではあるまいか。逆にいえば、この時期まで来ないと、風説が虚構に過ぎないと言明できなかったということであろう。

6　敗戦後、虎の二度目の末期

　やがて、日本は戦争に負ける。周知のように、当時、満州にいた日本人は、大なり小なり、混乱の中に放りこまれる。大連にいた日本人もまた例外ではなかった。そういった敗戦後の混乱の中で、虎も二度目の「末期」を迎える。

【H】「虎の末期《まつご》　吉村彰（旧姓川村・昭一六入学）
敗戦によって学校側は、玄関に置いてあった剥製の虎を、北校舎の二階で電車通りに面した角の教室にガラスのケースごと引越すことにした。
　わが常盤の象徴ともいうべき「虎」はこうして私達五年二組（担任は橋本照夫先生）で、私達と机を並べた（？）のであるが、たしか一一月のある日、登校した五年二組の誰もの目

をみはらせる大事件が起きた

ガラスのケースに、その偉容を誇っていた虎は、頭と、四肢と尻尾の先を残して皮をそっくり剥がれていたのである。白い布にくるまったワラが胴体の中身であることを私達は初めてこの目で見たのであった。（いったい誰が皮を持ち去ったのかは、子どもであった私達にはせんさくできなかった。生活に困った同胞なのか、講堂に満州の奥地から難を逃れた同胞なのか、それともその他の誰なのかを追求することは本稿の目的ではない。）皮のない虎は、そのままケースに入れておくわけにもゆかなかったのか、とりあえずすっぽりと白布がかけられてしばらく五年二組に置かれていた。

いよいよ常盤国民学校が第三小学校・常盤尋常小学校以来の歴史を閉ざし、実験器具や運動具とも大連市政府に引き渡す日が迫ってきた。昭和二一年三月下旬のある日（それは昭和一五年に入学した六年生の卒業式の翌日）、五年生が総動員され、引渡す必要のないものや引渡すと困るもの（御真影や校旗は、敗戦の翌々日、全校生の見守る中で、テニスコートで焼却したので、その他の不要書類等）を中庭で次々と焼いた。

そのうち、皮のない虎が持出され、火の中に投ぜられた。胴体は皮もなく骨もなく、あっさりと燃えたが、四肢の先や尻尾はなかなか燃えきらず、やっとの思いで焼いてしまった。しかし、頭部だけは頭蓋骨があるせいか、それとも何か特殊加工がしてあったのか、なかなか燃えきらず、燃やすものがなくなり、燃えさしがくすぶっている中で黒く焼け焦げた虎の頭が、まだ十分燃えきらないままに残っていたのは今でも強く印象に残っている。

常盤は理科室も工作室もそのままそっくり残っているそうだが、虎にだけはこうして再び会うことができなくなった。」（大連第三小学校・常盤小学校同窓会発行『大連常盤会会報』）

このように、敗戦後のどさくさの中で、剥製になった虎は、可愛そうなことに、身ぐるみ剥がされた上、ついに焼かれてしまう。日本の満州支配が始まった日露戦争の時、大連・西公園の虎は、満州に本格的に進出してきた日本人の前に登場する。やがて、虎は死ぬ。しかし、死後、剥製にされたことで、虎の雄姿は、その後も満州在留の日本人の前に、ずっと、その姿をさらし続けた。満州にいた日本人と虎は、いわば同じ時間を共有できた。

しかし、日本の満州支配の終焉とともに、彼らを見守ってきた虎もまた、やがては満州を去ることが決まっている日本人の手によって、焼却されてしまう。虎もまた、日本の満州支配の終焉に殉じたのである。

次は、この虎に関する後日談である。

【Ｉ】「私の街にこの常盤小の教師をしていた土川卓郎先生がいる。数日前に会ってこの虎の話をしたら、『あの虎はね……』と言って語り出した。

『終戦後、教え子の一人が校舎に遊びに行ってこの虎の口に手を入れているうちに、牙の一本がポロリと折れた。少年はびっくりしてその牙を持って土川氏の家へ飛び込んできた。〝えらいことをしてしまった〟と言うのだ。

どうしても牙を預かってくれと頼むので私は預かりました。やがて引揚げて日本へ帰り四十年の歳月が流れた。ある日、同窓会があってその席へ招かれて行ったら、そのときの少年がいる。私はとっさに虎の牙を思い出したので、もう大人になった少年に言いました。虎の牙は大事に日本へ持って帰ってきたので、今度は君に返そう。日本婦人を喰ったかも知れない牙だけど、もう君に返すべきときが来た。彼は感涙に咽んでそれを受け取ってくれました。』

大連で浪速ずしという店をやっていた家の倅である。その西園礼三さんはいま北九州市にいる。いまもその牙を持っているだろうか。」（山田賢二「日本婦人を喰った虎の話」、『文芸雑誌　岬』、五号、岬の会、長崎、一九八九年五月）

山田賢二氏の紹介によれば、虎の牙は日本に持ってきてあるという。虎の牙が、たとえ、一本だけであったとしても、それは、数奇な運命をたどった、大連・西公園の虎をしのぶ唯一の形見である。何ものにも替えがたい、歴史の遺物ということになる。もし、今も、それが現存しているならば、ぜひ一度、見せてもらいたいものである。

7　まとめ

まず、風説がどのように生まれ、かつ流布されていったのかである。

前述したように、私は、ちょっとした偶然から、この風説が出てきたと推測する。すなわち、ダルニー（大連）に進駐した日本軍の将校が、西公園で、シベリヤ虎の偉容を目のあたりに見て、びっくりする。その驚きから、彼は文学的情緒（あるいは詩心というべきかもしれない。）を刺激され、ロシアの将官が日本婦人を、この虎に喰わせたという一篇の物語を創作する。その物語を手紙で、内地の知人に送る。受け取った知人がおもしろがって新聞社に知らせる。——こういった経緯で、この風説が世に出たと、何の根拠もないが、私は勝手に想像している。

日露戦争で、強国ロシアを相手にして、日本は国力がほぼ底をつくほどの苦しい戦いをしいられていた。戦争遂行のため、ロシアに対する国民の敵愾心を煽り立てる必要があった。その意味で、当時、文明の日本と野蛮のロシアの対決という図式を用いて説明するのが、日本の朝野で流行した。たしかに、ロシアは一面で、文明国ならぬ野蛮さを備えていたから、それが極度に強調されたのである。

そのような風潮の中で、本人が意識して創作したか否かは不明であるが、某将校が創作した話は、当時、日本の国民も軍部も、潜在的に待ち望んでいたものであった。すなわち、ロシア側が日本婦人を虎の檻にほうり込んで、虎に喰い殺させたという話ほど、ロシアの野蛮さを明瞭に示すものはなかった。ロシアの野蛮さを文字通り象徴するエピソードとなりえた。

こうして、日本婦人を喰った虎の話は、たまたま当時の世情にぴったり合っていたので、思いもかけず、大きな反響を得てしまう。さきに紹介した半井桃水の報告の中に、「虎の獰猛なる憎むべし。露人の兇悪なる、更に憎むべし」（史料B）という一節があった。要するに、風説を流布させる目的は、虎をダシにして、ロシアに対する敵愾心を煽ることであった。半井桃水は、それを単刀直入に指摘している。さすがである。

大連・西公園の虎が日本婦人を喰ったという風説は、もちろん、全く根も葉もない作り話にすぎなかった。そのことは、ものごとに少し通じている人ならば、当然、百も承知であった。

しかし、この場合、虎は野蛮なロシアの象徴であった。野蛮なロシアは、日本婦人（当初は露妾、その後、女軍事探偵に変化）を虎の檻に投じて、虎の餌食にさせる残忍さを備えていなければならなかった。だから、実際に虎が日本婦人を喰ったか否か、換言すれば、風説が真実か否かは、この場合、どうでもよかった。とにかく、当時の異常な状況の中では、虎が日本婦人を喰ったことにせねばならなかったのである。

ロシアとの苦しい戦いの中で、風説が生まれ、そして、人々の間に広がっていった。逆にいえば、この風説こそ、当時の日本国民が潜在的に待ち望んでいたものであった。だからこそ、それは多くの人々に文句なく受容されたのである。

一方、当局側（軍や行政）も、この風説が持つ政治的な重要性をよく承知していた。だから、彼らなりに、せいー杯、利用しようとする。

まず、当初、「不日、東京に送り、一応、宮内省に献じ、更に上野公園に下付あるべしと云ふ。」（史料C）とあるように、虎を一種の戦利品と見なして、東京に送る計画を立てていた。「宮内省に献じ」とあるから、宮中で明治天皇に見せる（すなわち、天覧に供する）つもりもあったかもしれない。もし、計画通りに運ばれていたならば、この虎は、きっと、東京中の人気をさらったことであろう。しかし、どういう事情からかわからないが、実際には計画は中止になり、東京に虎を移送する件は実現しなかった。

その後、何年かして、虎が死ぬ。すると、関東州の植民地当局は剥製にする。虎が死後、剥製になる。――これは、朝が来れば東から太陽が昇るというような自然現象では決してない。たしかに虎の場合、死後、剥製にされる割合は比較的高いが、それでも、動物園に飼われているシベリヤ虎が死ねば、すべて、無条件で剥製にされるわけではない。

死体に防腐処理を施して、東京へ送る。剥製にしたあと、また大連に送り返す。これに要する費用は、当局が全額、負担した。それでは、当局は何故に大金を投じて、わざわざ虎を剥製にしたのであろうか。ただ単に動物が好きだったからではあるまい。剥製にすることによって得られる政治的な利益を当局が認めたからである。

要するに、当局には下心があった。すなわち、西公園の虎は、この時、野蛮なロシアを象徴する、いわば「生き証人」として扱われていた。その虎が病死したのはたしかに痛手であった。せめて剥製にして、虎の姿を後世に残すことで、風説を、なるべく、そのまま存続させようとしたのである。

もし、剥製にしなかった場合を考えてみよう。虎がいなくなり、目に見える形で、風説を支えるものがなくなってしまえば、さしも評判を博した風説も、時間とともに風化してゆくことは防ぎきれなかった。ところが、剥製になって残れば、風説の根拠が、目に見える形で存在するのであるから、風説の風化をそれだけ防ぐことができた。

たかが虎一匹であるが、西公園の虎はそんじょそこらにいる虎ではなかった。それが、野蛮なロシアの象徴という「曰《いわ》く因縁」を持っていたがゆえに、当局は、ここまで厚遇したのである。この間の事情を物語る史料は一切存在しないので、想像に過ぎないが、私はそのように推察するものである。

次は、この問題に対する当時のマスコミ（新聞や雑誌）の対応ぶりである。もちろん、彼らも、この風説が根も葉もないデマにすぎないことはよく承知していた。しかし、戦争中や直後の時期には、それをあからさまに言明することは、なんとなく、躊躇させるような雰囲気があった。すなわち、憎っくきロシアは、日本婦人を虎に喰わせるような残忍さを備えていなければならないという暗黙の了解が、この時、日本の朝野を覆って広く存在したからである。その上、前述したように、関東州の当局もそれを助長していた。こういった状況の中では、荒唐無稽の話とわかっていても、表向き、それを否定することは困難であった。こうして、マスコミはいずれも、風説が真実か否かは、あいまいなままに報道した。戦争遂行のためには、この程度の妥協はやむをえないと考えられたからであろう。

以上のような経緯から、マスコミは風説を意識的に否定しなかった。一方、国民の側にも、それを半分、真実として受けいれる条件が潜在的にあった。その結果、風説は、真実か否かをあいまいにしたまま、国民の間に深く浸透していった。だから、大部分の人は作り話だと理解したであろうが、中には、本当の事と誤解してしまい、本気で檻の中の虎めがけて、石をぶつける人まで出てきてしまったのである。

その後、その状態が思いがけなく、長く続いてしまう。さきに述べたように、この風説は作り話にすぎないと明確に言明したのは、小林諦亮が初めてであった。それは、日露戦争から、すでに二〇年もたっていた。

二〇年たち、さすがに風説を、表だって否定できるようになったのである。しかし、二〇年もの長期間、あいまいなままにしておいたために、この話を半ば本当のことと受けとめる人が出てくる。彼らは、半信半疑ながらも、日露戦争の時に日本婦人が虎の餌食にされたと信じてしまう。長い間、風説をいわば野ばなしにしてきたツケが回ってきたのである。こうして、現在にいたるまで、この風説は生き続けてしまったのである。

最後に紹介する史料は、敗戦後、引き揚げてきた後になっても、なお、風説を半ば信じている人がいることを教えてくれる。


【J】「通称、みどり山といってその麓一帯は露西亜時代からの公園で、日本の手に移った頃から虎公園とよばれていた。なんでも日本の女探偵を、露助がこの公園にいた虎に食わしたことから虎公園といわれるようになった。

露助が作ったと思われる大きな檻の中の虎公は、戦後日本人にいじめられ、日本の女を食ったという恨みで、石を投げられ毎日の石責めでとうとう死んでしまったそうだ。

後年その虎は剥製になって、同じ公園内にある常盤〈ときわ〉小学校に置いてあったのを見たことがある。剥製になった虎公にまで好感を持たなかった人たちは、唾をかけたり、台をがたがたゆすったりした。〝女を食った虎〟のむくいは剥製になってからでもいじめられている。

食うまいぞ！　食うまいぞ！　街の大虎、小虎、女の子を食うまいぞ！」（木村遼次『ふるさと大連』、謙光社、一九七三年、一一頁）

虎の牙の写真。山田賢二氏の提供。

第七章　「からゆきさん」のこと——私の研究成果から

『北のからゆきさん』、共栄書房、一九八九年。『からゆきさんの唄』、共栄書房、一九九〇年。『島原のからゆきさん』、共栄書房、一九九三年。——これらの研究をもとにして、「からゆきさん」のおおよそを述べる。

呼称

「海外醜業婦」が当時の一般的呼称であって、新聞や官庁文書で使われた。多少ふざけていう場合、「娘子軍《じょうしぐん》」といった。「からゆきさん」(漢字で書くと、唐行きさん)は、その時代、九州だけの地方方言であった。今日、これが通称になる。

「からゆきさん」が出かけた場所

シベリア、満州(中国東北地方)、中国(関内)、東南アジア、北アメリカの五ヶ所であった。彼女たちはやみくもに出かけたのではない。歓迎され、有利に稼げる所を選んで出かけた。

一九世紀中頃、世界における労働力が変化する。大量の労働力が必要な場合、それ以前は黒人ドレイが使われた。しかし、一八三〇年ごろ、黒人ドレイ貿易はほぼ終わる。以後、中国人とインド人に替わる。彼らはアメリカ大陸横断鉄道やシベリア鉄道の敷設、満州の開拓などに従事した。また、東南アジアや東アフリカでは、原住民と欧米植民地主義者の中間勢力にもなった。

中国人・インド人は通常、単身で出かけた。彼らがまとまって出かけた所では、働き盛りの男性が異常に多い、「女ひでり」の社会が出現する。男ばかりでは気が立って、毎日、ケンカが絶えず、仕事にならなかった。本来、中国人・インド人の家族（妻子）、あるいは自国の女性・売春婦を連れてきて、彼らにあてがうべきであった。しかし、後述するように、当時、中国人・インド人の女性は家族にしても、はたまた売春婦にしても、国外には出てゆかなかった。代わって、日本人売春婦がやって来る。中国人やインド人を「安定した労働力として使うために」、彼女たちは歓迎され、優遇された。前述した「からゆきさん」が多く出かけた五ヶ所のうち、中国（関内）を除いた四ヶ所は、以上の説明があてはまる。

①シベリア。　ロシアは一八六〇年の北京条約で沿海州を取得する。ウラジオストック軍港を建設し、極東艦隊を置く。しかし、同港は冬季、凍結するため、艦隊を同港から退避させねばならなかった。ロシアの要求を受け入れ、江戸幕府は長崎の稲佐《いなさ》に避寒港を置くことを認める。稲佐に日露戦争まで約四〇年間、ロシア海軍基地があった。ロシア水兵の相手をした女性たちは稲《いな》佐女郎衆《さじょろしゅう》と呼ばれた。やがて、長崎・ウラジオストック間に航路ができる。これを使って、稲佐女郎衆の一部はウラジオストックに移住する。明治初年、同港にはすでに一〇〇名以上の日本人女性がいた。その後、ロシア勢力は満州に進出する。「からゆきさん」もロシア勢力に従い、満州に進出する。したがって、彼女たちの満州への進出の方向は北から南へであった。シベリアに出かけた彼女たちの人数は比較的少なかったが、国外に出かけた時期は最も早かった。ロシア革命およびシベリア出兵（一九一八～一九二二年）ののち、追い出される。

②北アメリカ。　それまで中国人・インド人の労働力に頼る。やがて、彼らに対する需要が縮小すると、一転して彼らを排斥しだす。これと連動して、一九一〇年代、日本人売春婦も追い出

す。中国人・インド人を「安定した労働力として使うために」、彼女たちを受け入れた。中国人・インド人が不要になれば、いわば必須の付属物であった彼女たちもジャマになったからである。

③東南アジアには、ある時期まで「からゆきさん」が最も多く出かけた。しかし、第一次世界大戦後（一九一八年以降）、欧米植民地主義者の政策が変わる。中国人・インド人を排除する。これに伴い、日本人売春婦も追い出される。だから、太平洋戦争が始まった時（一九四一年）、東南アジア方面で日本軍を迎えた「からゆきさん」は多くはなかった。

④満州は新開拓地であった。中国人（漢民族）によって再開発された。中国には昔から「溺女《できじょ》」の習慣があった。父系が強いため、女子に限って、しばしば「間引き」させられた。そのため、もともと女性が少なく、男性の八割程度しかいなかった。新開拓地の満州では、さらに女性が少なかったので、日本人売春婦は歓迎された。十九世紀末から満州国時代まで、満州は、ずっと「からゆきさん」を吸収し続けた。したがって、満州こそ、受け入れ時期の長さおよび人数の多さから見て、「からゆきさん」を最も多く受け入れ続けた「本場」であった。

⑤中国（関内）の場合、出かけた場所は都市部が多かった。おそらく日本租界に出かけたのであろう。要するに「からゆきさん」は、新たに世界の労働力となった中国人・インド人の必須の補完物であった。

主体的条件

国外にまで売春婦を送り出すかいなかは、貧しさの度合いではなく、当該国における商品経済の発展の程度で決まる。第一段階。商品経済が未発達で、まだ伝統的な意識が強固に存続している段階では、国外にまで売春婦を送り出さない。第二段階。商品経済が一定の段階に達すると、人々は金がないと人なみに暮らしてゆけなくなる。技術や資格を持たない若い娘たちの多くが売春婦になる。彼女たちにとって、人なみに金を稼げるのは売春しかなかったからである。彼女たちの一部は国外にまで出かけてゆく。言葉も通じない外国に行くことは危険であるが、しかし、多くの場合、国内よりも有利に稼げたからである。第三段階。さらに工業化に成功すると、再び売春婦を国外に送り出さなくなる。国内に、若い女性の働き口ができたからである。――以上の三段階を、私は想定する。

この見方を用いて、アジア諸国を比較する。その際、大土地所有制の有無、すなわち大土地所有制が存続する国は工業化できないという条件を加えて考察する。日本は一九世紀半ばから「からゆきさん」を多く世界に送り出す。欧米諸国を除く、アジア・アフリカ・ラテンアメリカ諸国の中で、当時、日本だけがこの程度にまで商品経済が進展していたからである。この時、アジア・アフリカ・ラテンアメリカ諸国は、十分貧しかったにもかかわらず、国外に売春婦を出していない。売春婦を大量に国外に送り出す国として、当時、日本は相当目立ったはずである。

近代初頭の日本のこの特徴を、もっと重要視すべきである。中国人や韓国人は認めたがらないであろうが、私は近代初頭（一九世紀中ごろ）、アジア・アフリカ・ラテンアメリカ諸国の中で、日本の商品経済が最も進んでいたと考える。「神は細部に宿りたもう」。――私の好きなことばである。国外に大量の売春婦を恒常的に送り出せるかいなか。これがいわば「細部」になる。この

「細部」を仔細に検討することで、各国の商品経済の発展の程度という、大きな状況を比較できる。およそ人間のすることに、「よけいなもの」など、あるはずがなかった。

「からゆきさん」の出身地に関連して、「島原娘・天草女」といういいかたがあった。しかし、「からゆきさん」は九州北部や山口県から広く全般的に出ていったのであって、島原半島や天草諸島からとくに多く出ていったのではなかった。当時、長崎港が国際的な貿易港であった。島原半島や天草諸島はただ単に長崎港に近かったというだけである。

同じ九州でも、商品経済のやや遅れた鹿児島県出身者は少ない。もっと経済的後進地域であった沖縄出身の「からゆきさん」の出てくる史料を、私は見たことがない。沖縄では伝統的に売春に対する忌避意識が強かったからと理解すべきではない。商品経済の進展が相当遅れていたからである。東北や関東・中部地方出身の「からゆきさん」は少ない。これらの地域出身の売春婦は東京や京阪神に集まったからで、国外へ出るという気持ちは少なかった。戦前、ずっと日本は「からゆきさん」を送り出す。地域別では満州が最大であった。

日本は戦後、アメリカに次ぐ経済大国になる。植民地を失っても、なお経済発展できたのは農地改革のおかげである。以前の小作人は農地改革で土地を得て、自作農になる。多少とも豊かになった農民（彼らが人口の大半を占める。）は、自国の資本家が作った工業製品を購買できた。日本は戦後、もう売春婦を国外に送りだしていない。「からゆきさん」現象は終わる。

一九七〇年代、韓国・台湾・香港・シンガポール（「アジアの四つの小さな龍」）が工業化に成功する。香港・シンガポールはともに都市国家であって、農民問題はもともと存在しない。戦前、ともに日本の植民地であった韓国・台湾では、地主の大半は日本人であった。日本の敗北で、日本人は引き揚げる。もとの日本人地主の土地はやすい価格で農民に分配された。こうして、両国では、日本の農地改革に似た状況が実現し、農民は自作農になる。これが両国の工業化の基礎になった。

日本の植民地に陥った朝鮮でも、商品経済が変則的に進展する。それを反映して、一九二〇年代になると、国外に多くの売春婦を送り出すようになる。一九六〇年代、韓国から少数の売春婦が日本に来ていた。しかし、韓国が工業化し、国内において若い女性の働き口ができてくると、韓国からの売春婦の流入は止まる。現在、韓国や台湾は売春婦を国外に送り出していない。そういった段階を、両国はすでに通過してしまった。

中国では一九八〇年代、改革開放政策が始まり、短期間に驚異的な経済発展を実現する。この基礎に土地革命があった。すなわち革命の時、土地革命が行なわれ、農民は土地を入手して自作農になっていた。今日、中国から日本へ一定数の売春婦がやって来る。たしかに中国は驚異的な速度で工業化する。しかし中国は国土が広く、沿岸部と内陸部とでは商品経済の進展状況は違っている。工業化した部分はすでに国外に売春婦を送り出さないが、しかし、比較的後進地域では売春婦を引き続き送り出している。最貧困地域からは、むしろ売春婦は出てこない。

一方、今なお、大土地所有制が存続している国も多い。これらの国はまだ土地革命や農地改革を経ていない。大土地所有者（大地主）がいずれもその国を支配している。二つのタイプがある。第一のタイプの典型はフィリピンである。自国の工業は未発達であるが、外国資本が進出してくる。この結果、商品経済が畸形的に入り込む。こうして、金がないと人並みの生活を送れないような社会になってゆく。若い娘たちの多くは売春婦になる。彼女たちの一部は日本に出稼ぎにやって来る(「ジャパゆきさん」)。フィリピンが工業化するためには大土地所有制を覆さねばならない。そういった社会変革なしに、「ジャパゆきさん」をなくすことはできない。

第二のタイプの典型はインドネシアと西アジアである。これらの国は前述した第一段階にある。商品経済の進展が遅れていることから、今日、売春はそれほど盛んではない。日本には、男性が多少やってくるが、売春婦はまだ来ていない。しかし、これらの国々でも商品経済の進展に伴い、将来、必ず売春婦を国外に送り出すようになろう。イスラム教の戒律もこれを阻めないであろう。インドは地域差が大きいが、大土地所有制がまだ存続している。売春婦を国外に送り出していない。人口規模は中国と同じであるが、今後、インドが中国と同様のスピードで工業化してゆくことは困難であろう。

結局、ある国家・社会の売春のありように対し、宗教・風俗習慣などは相当の影響を持つ。しかし、商品経済の荒波は究極的にはそれらを乗り越えて働く。多くの女性が売春婦になることを問題にすれば、商品経済の進展の程度こそが決定的な重要性を持っていた。

当該国の方針

多くの売春婦が恒常的に国外に出かけてゆく場合、当該国は彼女たちの出国を禁止することもできた。禁止と放任の二つの対応があった。日本政府は終始、放任した。「からゆきさん」は稼いだ金を故郷の父母に送った。また、帰国時に自分で携帯して持ち帰った。こういった「からゆきさん」からの送金のおかげで多少とも金まわりがよくなった。私は、「からゆきさん」からの送金が資本の原始蓄積の一つになったと理解している。金額はそれほど多くはなかったが、かなり早い時期から送られてきたからである。日本政府が放任したのも、「からゆきさん」からの送金をあてにしていたからかもしれない。ただ、国外に売春婦を多く出しているという国際的な評判を気にして、一度だけ法律を作ろうとする。一八九一年（明治二四年）、貴族院に五カ条からなる法案を提出する。しかし、一週間で撤回してしまう。ということは、「からゆきさん」の出国は一貫して合法であった。オカミをはばかり、法を破って密航する必要はなかった。堂々と汽船に乗り、合法的に出入国できた。

今日でいうと、フィリピン・中国は放任し、タイは禁止している。だから、タイ人の売春婦は日本に来ていない。

密航はウソ

往時、「からゆきさん」を多く密航婦と称した。彼女たちはだまされ、汽船の船底の石炭倉に隠れて東南アジア方面に密航していったといいならわされてきた。映画『からゆきさん』（一九三七年、木村荘十二監督、入江たか子主演）でも、当初、女性たちが暮夜、ひそかに石炭船に乗り移り、密航してゆくところから始まっている。

——これらは神話であって、事実ではない。虚構である。「からゆきさん」現象を日本の恥と考えた人たちが当時、作為的に作った伝説にすぎない。ほとんどの場合、彼女たちは外地で売春をして稼ぐことをあらかじめ承知して出かけていった。長崎港から合法的に出入国した。今日、フィリピンの女性が多く日本に来る。彼女たちは果して非合法に密航してくるか。そんな事例はない。みんな合法的にやって来る。彼女たちは自己の意志で海外に出かけた。

密航はたしかにごく少数、例外的に行なわれた。その目的は、売春業者が娘たちの渡航費を節約するためであった。娘たちを南洋に送る汽船の船賃を節約するために行なわれた。娘たちを汽船の船底に隠す。あらかじめ船員を買収しておいて、食料や水を彼らから供給させた。こうすれば、たしかにずっとやすい費用で娘たちを送り込める。しかし、娘たちの側からすれば、不快な航海を強制されるわけで、決して歓迎されない方法であった。だから、通常、こういう方法はとられなかった。特別の場合だけであった。

また、密航するのは、日本から出国する場合だけであった。「からゆきさん」が帰国する際に密航して帰国したという史料には、ついぞお目にかかったことがない。実際、帰国の際、わざわざ苦しく不快な密航の方法を使って、帰ってくる必要はなかったからである。

公娼制度との関係

当時、国内には公娼制度が存在した。公娼制度は売春の領域に残った封建的な要素であったと私は理解する。一九五六年の売春防止法で最終的に廃止された。国外に売春に出かけることと公娼制度の存在は本来、無関係であった。公娼制度が存在しなかったとしても、「からゆきさん」

は変わりなく出かけたであろう。今日、フィリピンや中国などから、多くの女性がやってくる。これらの国には公娼制度に当るようなものは存在しない。存在しなくても多くやって来る。

当時、公娼制度が日本内地では最もありふれた売春の形態であった。しかし、「からゆきさん」が出かけた国外には、公娼制度のようなものは存在しなかった。例えば、関東州・満州国では公娼制度は名目上、廃止されていた。にもかかわらず、実質的に公娼制度が「からゆきさん」に適用された。

公娼制度が実質的に海外に輸出されたことから、彼女たちは前借金（ぜんしゃくきん）にしばられ、廃業の自由はなかった。しかし、日本内地と異なり、遊廓は作られなかった。遊廓に閉じ込められないということで、彼女たちは多少とも居住の自由を持った。前借金には高い利子がついた。また、売春の分け前は通常、業者が六割、女性が四割であった。だから、前借金は容易に返済できなかった。

満州に出かけた「からゆきさん」の中には中国人の妻妾になるものもいた。前借金が返済できず、廃業できないため、中国人に金を出してもらい、彼らの妻妾になることで、ようやく廃業できたからである。中国人の妻妾になれば、帰国できず、満州に骨を埋めることとなった。このように、公娼制度は国内の娼妓を苦しめただけではなく、国外でも「からゆきさん」を多く苦しめた。

浦汐節（うらじおぶし）

ウラジオストックを浦汐・浦塩・浦潮と表記した。浦汐節はウラジオストックにいた「からゆきさん」が自然発生的に歌いだした唄である。曲はすでに失われていて不明である。長崎あたりの漁師の舟歌がもとであろうか。

「オロシャはこわいし、マンザはくさし、粋な日本人には金がない」

これが浦汐節のもと歌である。マンザは漢字で書くと「蛮子」になる。南蛮という語から知られるように、マンザは、南方の中国人に対し北方遊牧民族が伝統的に使っていた蔑称であった。たとえば、マルコ・ポーロの『東方見聞録』で、南宋のことを「マンズ国」と記している。

ロシア人はこわい。中国人は臭いといっている。北方の中国人はビタミン補給のため、生のニンニクをそのままかじるからである。ウラジオストックあたりの「からゆきさん」はロシア人と中国人を相手にした。同地にやってきた少数の日本人の男は経済的に非力で、金がなかった。

これをもと歌にして、歌詞は次々と増えていった。替え歌をいくつか紹介する。

「日本の親さん起きてか寝てか、思い出してか忘れてか」。「長崎の埠頭に小棲《こづま》からげて上陸（あがり）たい」（『満州日日新聞』一九一〇年）

「かつて日本貿易事務官より禁ぜられた浦汐節。早く日本の波打つ際に、娘、来たかといわれたい。娘、来たかといわれた時は、嬉し涙が先にたつ。」（『大阪朝日新聞』一九〇六年）

「浦汐節、廃せと云わんすけれど、余り我が身がつらさゆえ」。「腐れ満子（まんざ）の金とり溜めて、好きな日本人に身揚がりす。満子まどろす、金とり上げて、好きな日本人に身揚がりす。」（『満蒙』七二号、一九二六年）——のちになると、「マンザ」の本来の意味がわからなくなる。満子は当て字である。「身揚がり」はくるわ言葉で、「遊女が情人などを客とし、費用を自弁すること」（『広辞苑』）であった。中国人やマドロス（船員）から上手に金をまきあげる。その金を貯め、費用は自分持ちで、好きな日本人の男を店に呼んで、しばし一緒に過ごそう。そういった「からゆきさん」の願いが浦汐節の替え歌の中に率直に歌われている。

浦汐節は、「からゆきさん」自身が歌いだした貴重な資料である。仕事は辛い。それに耐え、まぎらわすために往々にして労働歌が生まれる。浦汐節もまた労働歌の変種の一つではなかろうか。浦汐節から、「からゆきさん」の悲しさや哀れさだけを受け取るべきではない。言葉も通じない外国に出てゆく。辛い境遇に負けないで、お金をためて故郷に帰る。それを希望にがんばる。彼女たちは辛い境遇に打ちひしがれて、絶望の中で浦汐節を歌うのか。その要素もあるが、他方で、それに負けないで生き抜いて故郷に帰るんだという強い意志の力も私は感じる。「からゆきさん」はそんなに弱々しくない。もっとしたたかであった。こういった悲しく、辛い「仕事」を経て、近代の女性が生まれてくるという側面も指摘したい。

危険の程度は許容範囲内

言葉も通ぜず、見たこともない外国に出かけるのであるから、「からゆきさん」として国外に出てゆくことは、もともと危険がいっぱいであった。危険をなるべく小さなものにするために、彼女たちは血縁・地縁関係をせいぜい利用した。すなわち、すでに国外に出かけている親戚のおばさんや同じ村出身の懇意な女性を頼って出かけていった。それでも、外国語がわからず、出かけていった国の事情についてもほとんど無知な若い娘たちが出かけるのであるから、思うようにゆかないことが多かった。不幸にして、外地で倒れてしまった例も少なからずあった。

「からゆきさん」の伝統は、幕末から第二次世界大戦の時期まで、およそ七〇～八〇年間続いた。相当長い期間、続いたことになる。もし、危険極まりないものであれば、娘たちはあえて国外に出かけなかったであろう。彼女の親たちもまた娘たちの国外への出稼ぎを許さなかったであろうから、「からゆきさん」の伝統は途中で終わっていたはずである。

「からゆきさん」の中には不幸にして病気などで死んだり、あるいはまた種々の理由から帰国できないで現地にとどまるものもたしかにいた。しかし、そういった事例は比較的少なかった。多くの「からゆきさん」はなんとか無事に帰国できた。彼女たちは日本国内よりも有利に金を稼いで、故郷に戻ってくる。だから、危険はあるが、その程度は総合的に判断して、許容できる範囲内にとどまると考えられた。そういった暗黙の了解が娘たちや親たちの間にあったからこそ、七〇～八〇年もの長い間、多くの「からゆきさん」が連綿と出かけ続けたのである。

「からゆきさん」の帰国後

「からゆきさん」として、いわば成功した場合、故郷にもどり、海外で稼いだお金を結婚資金にして結婚した。当時、そういったことが普通であった。郷里では、道徳的に非難されたりしない。むしろ羨ましがられた。今日、フィリピンから日本に出稼ぎに来ている女性たちも、一定の時期がくれば、フィリピンに帰国する。郷里にもどり、結婚している。売春はそれほど変わったことと認識されていなかった。当時にあっては、いわば仕事（ワーク）の一つであった。

あとがき

はじめに本書に収録した論文の初出を示す。

第一章　中国戦線に形成された日本人町――従軍慰安婦問題再論
『キリスト教社会問題研究』58号、同志社大学人文科学研究所、二〇一〇年一月。
第二章　駐留部隊と在留日本人商人との「共生」――満州国熱河省凌源県の事例
『愛知県立大学外国語学部紀要（地域研究・国際学編）』41号、二〇〇九年三月。
第三章　近代日本の公娼制度
『歴史評論』540号、一九九五年四月。
第四章　満州の酌婦は内地の娼妓
『愛知県立大学文学部論集（一般教育編）』38号、一九九〇年二月。
第五章　密航婦「虐殺」事件と多田亀吉
『歴史の理論と教育』89号、一九九四年三月。
第六章　大連の人喰い虎の伝説
『愛知県立大学外国語学部紀要（地域研究・国際学編）』32号、二〇〇〇年三月。

第七章　「からゆきさん」のこと——私の研究成果から書き下ろし

扱っている分野は、従軍慰安婦、公娼制度、および「からゆきさん」の三つに分かれる。もちろん、本書のメインは従軍慰安婦問題である。

第一章と第二章はともに、従軍慰安婦問題を扱っている。ただ、発表時期が逆になっている。数年前、私は偶然、満州国熱河省凌源県城にやってきた日本人商人を分析した。その結果、売春を頂点とするさまざまなサービスを兵士たちに提供することで、彼らが、軍に代わって兵士の福利厚生を担当したという仮説を提起するに至った。それが第二章である。

第一章では、日中戦争の時、中国戦線に形成された日本人町のことを扱った。多くの在留日本人（戦後、中国戦線からの引揚者は四九万人）が中国戦線にやって来て、華北を中心に約二〇〇の日本人町が形成される。日本人町には、内地とほぼ同じような売春のしくみが作られ、日本人（朝鮮人を含む）の売春婦が兵士の相手をした。彼女たちは明らかに売春婦型の従軍慰安婦である。したがって、従軍慰安婦なるものを性的奴隷型だけで説明してきた従来の説は破綻せざるを得ない。

日中戦争時、中国戦線に形成された日本人町では、内地とほぼ同じような売春のしくみが作られた。日本人町に作られた、この売春のしくみを理解するために、第三章と第四章では公娼制度に関する論文を取り上げた。

第三章は日本の代表的な売春のしくみであった公娼制度のことを扱った。以前、「からゆきさん」を研究している時、「からゆきさん」現象に対して、公娼制度が果してどのような影響を持ったのかを明らかにする必要を感じた。その必要から、公娼制度に関する先行研究を調べてみた。ところが公娼制度に関する先行研究の少なさに驚いたものである。公娼制度は、日本の売春のしくみの中で最も中心的なものである。にもかかわらず、それに関するまともな研究がないという印象を受けた。これではいけないと思った。そこで、私なりに研究して公娼制度についてまとめたものである。

ある研究会に出たところ、若い研究者が公娼制度をまだ、「公権力が公認した売春のしくみ」などと「国語的な」説明に終始していたので、私はあきれてしまった。公娼制度が日本の売春のしくみの中で最も重要な位置を占める以上、公娼制度に関する研究が大きく進展することを切に望むものである。

第四章は、一九〇九年に関東州という植民地で、娼妓の名称を廃止し、名目的に公娼制度を廃止したことを述べている。この措置は、後に満州国に引き継がれる。さらに、日中戦争時、中国戦線に形成された日本人町でも踏襲された。だから、この時、日本人町にいた売春婦の実態はほとんど娼妓であったけれども、しかし、名目上は芸妓・酌婦・女給のいずれかを名のっていた。

一九〇九年、関東州で行われた名目上の公娼制度の廃止が、その後も、満州国および、日中戦争時、中国戦線に形成された日本人町にまで、連綿と踏襲されたのであった。この論文は「からゆきさん」研究の一環として書いたものである。しかも、発表時期は一九九〇年であるから、まだ、従軍慰安婦問題が大きな問題になる以前である。

学生の時、先生がたから論文の書き方を教わった。ちょうどレンガのように、具体的にまとめなさいと指導を受けた。きちんとしたレンガならば、あとの世代の研究者が必ずその論文を見つけて利用してくれるという説明であった。今回、その教えを思い出した。この論文があれば、日中戦争時、日本人町の売春婦のなかに娼妓の名目がないことが納得できる。二〇年も前、こういった目的を念頭において、この論文を書いたわけではないけれども、今回、偶然、この論文が役に立った。後世の研究者が利用できるような、レンガのように整った論文を書いておく必要をあらためて痛感した。

また、私は「からゆきさん」について、長く研究してきた。第五章以下は、「からゆきさん」研究の一部である。第七章は、書き下ろしであって、未発表のものである。今年、ある会で「からゆきさん」について報告した。その時、準備したレジメに加筆したものである。

本書の出版によって、従軍慰安婦問題に対する、これまでの誤謬がただされることを切に望むものである。もしそれが達成されるならば、私にとって、これ以上の喜びはない。

また、多くの人たちの助けがなかったならば、本書を到底、書き上げることができなかったであろう。この場を借りて、各位に対し、あらためてお礼を申しあげるものである。

【注】

第一章

（1）山東省芝罘《チーフー》の場合、在留日本人はあまり増えていない。「引揚当時の六百名が皇軍占拠後すでに一年半を経過した今日、八百数十名となったに過ぎず、その進出が他地の如く急激な増加を見ないのは、（後略）」（航業聯合協会芝罘支部編『芝罘事情』、一九三九年一〇月。二二二頁）。一般的にいえば、日本軍が多く駐留する地域・都市ほど、在留日本人も多く集まってきた。河北省南部や河南省では激戦が続いた。このため、日本人町も多く形成され、その規模も大きくなった。それに反して、山東省芝罘は港町であるが、しかし、戦局の推移にあまりかかわらなかった。だから、在留日本人はたいして増えなかったのである。

（2）単位は千人。千人以下は四捨五入。朝鮮人・台湾人を含む。張家口19、大同7、厚和4、北京83、天津52、唐山3、蘆台4、石門13、新郷4、太原15、青島31、済南19、徐州8、開封7、南京12、上海83、漢口10、廈門9、広東12（前掲、『第七回新支那年鑑』、一〇九頁、「主要都市別在留日本人数」）

（3）「満州に三万戸の〝転業村〟、来年の明治節に家族同伴入植」（『朝日新聞』、一九四〇年一一月八日）

（4）転廃業者を、「満州開拓民」として送り出すだけでなく、中国や東南アジア方面へ移住させることも、行政は推進していた。「（4）支那南洋その他海外への移住進出。　大東亜共栄圏の確立を図るためには、支那南洋等への我国民の移住進出を促進することが必要である。そこで転廃業者の転換先としても、支那、南洋その他海外への移住進出を指導し、以て我国海外繁栄の礎石たらしむることが必要であると思はれる。」（商工省振興部長豊田雅孝著『産業国策と中小産業』、〔戦時経済国策大系、第十巻〕、産業経済学会、一九四一年一一月。〔復刻版、

日本図書センター、二〇〇〇年」。四二三頁）
（5）開封日本商工会編『開封商工案内　附　帰徳・新郷・彰徳』、一九四二年二月、一二六十七一頁、開封
済南日本商工会議所編『済南事情』、一九三九年六月、五五四頁、大阪
広東日本商工会議所編『広東日本商工名録』、一九四二年九月、一九八頁、広州
（6）【人口】総計7071人。内訳。内地男2856人。内地女2022人。日本人合計4878人（69％）。朝鮮男1053人。朝鮮女1138人。朝鮮人合計2191人（31％）。台湾男2人。
【職業】風呂1、理髪2、髪結い5、按摩1、撞球場3、映画館2、劇場1、旅館22、貸間30、下宿3、アパート7、葬儀社1、衛生社2、貸しボート2、タクシー1、花卉業1、牛乳販売1、紹介業3、家政婦斡旋1、代書2、古物商7、古衣1、和洋菓子23、薬種15、医院4、歯科医院5、産婆3、写真撮影18、写真機材料2、タタミ屋5、ガラス屋2、レンガ製造2、レンガ販売1、時計屋11、楽器1、豆腐製造7、納豆製造3、鮮魚8、海産物2、青果2、精肉2、清涼飲料5、アイスケーキ8、氷6、サイダー製造1、洋服仕立て7、和洋服仕立て3、洋服店7、呉服8、洗濯9、自転車販売15、自動車修繕2、質屋12、薪炭8、印刷3、タバコ12、広告7、料理店33、カフェー12、飲食店81など。
（7）【人口】総計1614人。内訳。日本人559人（35％）。朝鮮人1055人（65％）。
【職業】食料雑貨陶器業32、雑穀土産油脂業59、土木建築5、風呂1、射的1、旅館6、時計1、写真4、薬舗8、医院1、歯科医1、製菓業9、質屋2、自転車屋3、飲食店28（その内訳。食堂14、カフェー7、すし3、おでんその他4）、料理店14など。
（8）「大陸へ大阪の進軍④　漢口　築く『長江の大阪』、長崎言葉を駆逐した郷土弁、ハリキル三千の浪華商人

（中略）ここの中心街で事変前よりもウンと賑やかになった江漢通だけでも、日本綿花、そごう、大丸、安宅、岩井、大同、丸紅、塩野義、武長、小西など大阪系の諸商店がズラリと軒をならべて大阪街をつくり、目抜道の路にささやかな店舗を張る支那人の軒店にも堺製のスプーン、ナイフ、フォークが断然幅を利かしてゐる。

漢口へ！　漢口へ！　大阪商品の進軍譜は輝く二千六百年を迎へていよいよ高らかに。宣撫用品として揚子江をはるばる遡航して市場に入った商品の約八割が大阪製品であった。だから漢口で捌かれてゐる日本商品はとりもなほさず大阪商品であるといっても差支ない。しかも商社と呼ばれて、これらの品々を取引してゐる店舗が実に千余。その過半数は伝統の商魂が興亜調に磨かれ、ますますハリキる浪華商人三千名で切廻されてゐる。

飛躍を謳う大阪商品陣の主力はなんといっても日用雑貨品と文房具、食料品、シャツ類、鉛筆、カーボンペーパー、ナイフ、フォークなど。（中略）景気よく泡をふくビール、つき出しの花あられが大阪情緒をにほはせば、カフェー、飲食店も「大阪式」がめっきり数を殖やし、撞球場ではゲーム取りの娘さんが大阪訛りで気分を出すといったわけ。この調子で行けば、漢口が『長江のシカゴ』から『長江の大阪』になる日も近い。否、すでに漢口は大阪であるかも知れない。」（『大阪朝日新聞』、一九四〇年一月二〇日）

（9）「皇軍入城後の武漢は作戦地帯としての特殊性を帯びてゐるので、他埠に見るが如き居留民でなく、すべての同胞は宣撫用物資取扱者であり、一般商人は一人もゐないといふ建前であったので、現在の武漢は民団はあるが、在住者は宣撫商人と呼ばれてゐる。従って新聞紙上に現はれる商品広告にも必ず『宣撫用物資』なる文字が加へられ、」（大陸新報社『大陸年鑑　昭和17年版』、一九四一年一一月、四〇三頁）

（10）「これから北支でどんな商売が有望か」という質問に対する白木屋専務山田忍三の回答である。中規模な事業は「昔より北支に関係を有する大阪人の領分」だと答えている。

「ハガキ回答　これから北支でどんな商売が有望か　（中略）白木屋専務山田忍三　（中略）大企業は満鉄とか三井とか三菱の仕事。中事業は昔より北支に関係を有する大阪人の領分。ただ今、儲かるものは宿屋、料理屋、カフェー万々歳。」（『北支進出案内』、実業之日本社、一九三八年一月、『実業之日本』一月号附録、一〇四頁）

(11) 敗戦後、四九万人の中国在留日本人はリュックサック一つで、命からがら引き揚げてきた。それまで中国で築いた資産はすべて置いてこざるをえなかった。彼らは戦争中、占領軍の威を借り、中国民衆の犠牲の上に比較的恵まれた生活を享受していた。結局、このような形で、そのツケを支払わされたのであった。

(12) 前稿で、中国語で記された史料のうち、「咖啡館三戸」を、私は不用意にもコーヒー店と翻訳してしまった（五六頁）。これは誤りであった。「カフェー三軒」と訳すべきであった。カフェーの両義のうち、女給という売春婦がいる売春の場のほうである。現在の喫茶店に当たるようなコーヒー店が、この時、婺源県城に存在するはずがなかった。

（補注）開封日本商工会編『開封商工案内』は、岐阜県各務原市の西厳寺の小川徳水師のご尽力によって利用することができた。また、朝日新聞大阪本社の井手雅春社会グループ・エディター代理（当時）と永井靖二記者のご尽力によって、中国吉林省档案館所蔵の満州中央銀行資料および朝日新聞大阪本社所蔵の富士倉庫写真を利用することができた。これらのことを、ここに記し、各位に対して感謝の意を表するものである。

なお、永井靖二記者のご教示によれば、本章で紹介した江西省九江と湖北省漢口の写真は、『大阪朝日新聞』（大阪版）、一九四〇年一月一九日の「大陸へ大阪の進軍③」および、一月二〇日の「大陸へ大阪の進軍④」という記事の中に掲載された。

第二章

（1）たとえば、中山忠直「満蒙の旅⑶」、『東洋』四一九号、一九三三年一一月

（2）「県内殆んど山岳丘陵を以て蔽はれ、平地としては僅かに大凌河流域及県城附近一円のみ。随って可耕地面積は全県の十五分之一、約五拾五万畝に過ぎず、而して山地は一木一草も見ざる一面の赤土にして、毎年雨期に際し、土砂を流出して、全山岩石を露出するの状態なり。更に可耕地と雖も、地味肥沃とは言ひ難く、相当の施肥をなさざれば、特殊農作物を除き、先づ見込薄と観らるるが如し。」（「凌源地方事情」、「出張員報告」の一部。一九三四年一一月二六日）

（3）「大街は街幅広く、商家櫛比し、木造にして古きも瓦葺の堂々たる建造物多く、咸豊年間は頗る隆盛を極めしが、清末には市況稍々衰頽し、現今再び起色を呈し、物資の集散相当多く、省内屈指の都市たり。」山崎惣與編『満州国地名大辞典』、日本書房、一九四一年、九一四頁

（4）「当地方は数回に亘る討伐にて、匪賊潰滅し、治安行届けるも、鴉片以外には、さしたる特産物あらず。特に錦承線の平泉迄完成するに及びては、嘗て当地、終点として繁盛を極めたる市面も、之が為、其の繁栄を奪はれ、昔日の観なし。特に在住日人は殆んど平泉方面に移住。昨年迄、千余名の日人居住者ありたるに、現在、僅々三、四百名なり。当地某日商の語る所に拠れば、昨年、年売上高12万円に達したるに、本年は現在に至る、僅か2万円なりと。衰微の程、知るべし。」（「出張員報告」、一九三五年一一月）

（5）「去る二十三日の如き本県城を去る十五支里の三十家子に、七八百名の匪団現われ、為に城内大混雑を呈し、日本軍隊、北支出動せる折柄とて、在郷軍人出動、徹宵警備に任ぜしことあり。」（「出張員報告」、一九三五年六月）

（6）拙稿「従軍慰安婦前史——日露戦争の場合」、『歴史評論』四六七号、一九八九年三月
（7）通常、近くに駐屯している部隊の軍医が日本人町にやってきて、検黴を行なった。検黴は一週間に一度程度の割合だったから、かなり頻繁であった。だから、軍医のつごうが悪く、検黴に来てくれない場合もあった。その時は、日本人町で医院を開業している医者の出番となった。凌源県城にやってくるような医者は、まともな医者とは考えにくいと述べたが、あながち見当はずれとはいえまい。

第三章
（1）竹村民郎『廃娼運動』（中公新書、一九八二年）五頁。同書は、廃娼運動に関する、手ごろで、ゆきとどいた研究書である。また、山本俊一『日本公娼史』（中央法規出版、一九八三年、七七八頁）は浩瀚な研究であるが、分析の面ではやや弱い。
（2）「公娼いよいよ廃止」（『婦人運動』一二巻四号、一九三四年四月）。
（3）岩崎盈子「廃娼運動」（『社会福利』一四巻一一号、一九三〇年一一月）九三頁。
（4）山川菊栄『女性五十講』（改造社、一九三三年）一六三頁。
（5）和田春雄「公婚廃止は実現するか？」（『社会評論』一九三五年一二月）。
（6）久布白落実『廃娼ひとすじ』（中公文庫、一九八二年）二四四頁。
（7）売春婦の「多くを醜業婦といふよりも寧ろ一種の罹災者といふ方が適当である」（益富政助「此罹災者を救え」『廓清』一巻一号、一九一一年七月）と述べた益富政助の観点は、今日でも、なお立派に通用する。
（8）なお、詳しくは、拙稿「公娼制度について」（『愛知県立大学文学部論集（一般教育編）』四三号、一九九四年一二月）

を参照されたい。

第四章

（1）拙稿「娘子軍考――近代日本の『海外醜業婦問題』」、『季刊中国』、五号、一九八六年六月。また、私はこの中で、満州が、最も多く、かつ、最も長期にわたって、日本人売春婦を吸収し続けた所であったと指摘しておいた。

（2）『満州日日新聞』、明治四五年六月二八日

（3）『満州日報』、明治四〇年一二月二七日

（4）次の史料がおそらく朝鮮人売春婦の最初の登場を伝えていよう。即ち、

「予てより逢阪町遊廓に朝鮮娼来《ちょうせんぴーきた》るべしとの噂ありたるが、今回、同地八十七号地に鮮人玄章と云ふ男、春風館と云ふ妓楼を新設し、全武振（二四）、朴弄仙（一七）、諸蓮花（一七）の三名を抱へ、十二日夜より開業したり。何がさて珍らしもの好きの多き土地柄とて、同夜より押しかくるもの引きもきらず、なほ、新義州より新たに数名、輸入する由なるが、是等の前借は僅僅［一字読めず］円とは驚く可《べし》。」（『満州日日新聞』、大正三年一月一四日）

（5）「明治三十八年十月、関東州民政署令を以て、芸妓酌婦、雇婦女取締規則を制定し、公娼を認め、大連市街逢阪町、竝に小崗子に遊廓地域を指定し、市中に散在せる料理店営業者をも漸を追ふて、遊廓地に集中せしむる方針を定め、其後、関東都督府時代に到りても、概ね右の方針を踏襲し、明治四十四年末に至りて、大連市内に於ける料理店等の廓内移転を了し、稍市内の風紀を改むることを得たるが如し。」（前掲『関東庁要覧（昭和八年）』、一五八頁）

（6）次に掲げる芸妓と売春に関する説明は、廃娼運動に一生を捧げた伊藤秀吉（号は江南）のものだけに説得力がある。即ち、

「芸妓も売淫婦。　一体、芸妓とは何者であるか。芸妓といふのは歌舞音曲の遊芸を以て宴席の興を助け、酒間を斡旋する者だといふ。如何にもそれはさうに違ひない。併し乍ら彼等の生活はこれだけで済んでゐないのである。彼等は密に枕席に侍して娼妓同様の真似をして、それによって生計《くらし》を立てて行く者である。といふ事は何人も異論のない処であらうと思ふ。ただ表看板の遊芸が本職であるか、内緒事の春を鬻《ひさ》ぐ方が本職であるかは、一寸、判断が六ケ敷いやうである。

けれどもよく観察して見ると畢竟、芸妓なるものは私娼としての、一顕現に外ならぬ。今日迄、世界各国に於て此の売淫婦なるものは様々の形を以て表はれた。偶々今日の我日本には芸妓といふ形を以て出来上った迄の話である。現に彼等の遊芸なるものも、異性としての媚と秋波、肉の香りといふものが無かったならば誰も相手にしはしない。踊が見たければ踊の師匠がある。音曲にしても其通り。お婆さんにもあれば、男にもある。淫行を暗示し、又は前提となる上に於て、其遊芸も命がある芸妓といふものは、つまる処、男子の卑しい情慾につけ入った産物である。即ち売笑婦である。娼妓は公然の売笑婦であり、芸妓は表面をかくしてゐる売笑婦なのである。」(かうなむ「芸妓自由廃業案内」、『廓清』、五巻六号、一九一五年六月、二三頁)

(7) 関東都督府文書課編『関東都督府法規提要』、一九〇九年、大連、五五八頁

(8)「現行の特種婦女健康診断は、酌婦は毎週一回必ず是を施行し、又酌婦と同居の芸妓は酌婦同様に健康診断を課せられ、其の以外の芸妓は最初出願の当月より毎月三回三箇月間、酌婦同様の診断を施行し、此間健康を持続した者は月二回となり、是より三箇月を経過するも尚健康状態にあるものは月一回の内診を課せらるるのである。」(篠崎嘉郎『大連』、一九二一年、大連、二〇三頁)

(9)『復県略志』、一九二〇年、四五五頁、居留日僑表、其一

(10) 次の史料は、売春に対する植民地当局の相当「行き届いた」関与を、民間側から証言している。なお、筆者の柴田博陽はクリスチャンの立場から、大連に大連慈恵病院（後の大連聖愛病院）という病院を設立経営し、恵まれない人々に医療を施すために粉骨砕身、つとめた人である。

「自分は更に大連のみに於ける醜業婦の状態を詳細に調査し、其結果として

一、大連民政署の風紀取締は比較的行届き居ること

二、抱主の取扱ふは比較的寛大なること

三、醜業婦の多くは長崎、広島、大阪であること

との事を認めた。而して第一項の民政署に於ける風紀取締りであるが、斯《これ》は比較的といふより寧ろ遺憾なく行届いて居ると言っても過言ではなからう。（中略）其取締り厳重なるが為め残忍酷薄なる抱主等も醜業婦に対し、満州奥地方に於て行はるるが如き非道なる取扱ひはせぬ。（中略）現に今日、芸娼妓の抱主と被抱主との契約関係の如きも、頗る穏当である。先ず茲に一ケ月百円の収入ありとせんか、抱主はその六分を得、婦人は四分を得ることになって居る。其内、抱主の負担となるのは婦人の部屋代と食料で、婦人の負担が自分の化粧料と前借の利子金三分五厘丈である。」（柴田博陽「大連の風紀」、『廓清』、二巻四号、一九一二年四月、四三頁）

(11) 「賎業に従事する支那人に対しては従来、関東州に於ては娼妓取締規則に依って娼妓として許可し、満鉄附属地に於ては営業取締規則に依り俳優として許可し、然も娼妓に対しては居住及び外出の制限、健康診断の強制等、俳優に比して特別厳重な取締をしたが、其の業態は大同小異で（後略）」（前掲『関東局施政三十年史』、下巻、八〇一頁）

第六章

（1）村岡節三「猛虎に喰はれた女」（『満蒙事報』、四巻五号、一九三五年五月）は、前掲、小林諦亮『大陸ローマンス』の全くの剽窃である。

倉橋正直（くらはし・まさなお）
1943 年　静岡県浜松市生まれ
東京大学文学部東洋史学科卒業
東京大学大学院人文科学研究科博士課程（東洋史学）修了
愛知県立大学名誉教授

著書
『北のからゆきさん』（共栄書房、1989 年　新装版、2000 年）
『からゆきさんの唄』（共栄書房、1990 年）
『島原のからゆきさん』（共栄書房、1993 年）
『従軍慰安婦問題の歴史的研究』（共栄書房、1994 年）
『日本の阿片戦略』（共栄書房、1996 年）（韓国で翻訳される。新装版、2005 年）
『二反長音蔵・アヘン関係資料』15 年戦争極秘資料集・補巻 11（不二出版、1999 年）
『日本の阿片王』（共栄書房、2002 年）
『ベンゾイリン不正輸入事件関係資料』15 年戦争極秘資料集・補巻 21（不二出版、2003 年）
『阿片帝国・日本』（共栄書房、2008 年）

従軍慰安婦と公娼制度――従軍慰安婦問題再論

2010年8月25日　　初版第 1 刷発行

著者 ――― 倉橋正直
発行者―― 平田　勝
発行 ――― 共栄書房
〒101-0065　東京都千代田区西神田2-7-6 川合ビル
電話　　　03-3234-6948
FAX　　　03-3239-8272
E-mail　　master@kyoeishobo.net
URL　　　http://kyoeishobo.net
振替 ―――00130-4-118277
装幀 ――― テラカワアキヒロ
印刷・製本 ー中央精版印刷株式会社

ISBN978-4-7634-1040-5 C0036